NADA QUE PERDER

**MOMENTOS
DE CONVICCIÓN
QUE HAN
CAMBIADO
MI VIDA**

EDIR MACEDO

NADA QUE PERDER

MOMENTOS DE CONVICCIÓN QUE HAN CAMBIADO MI VIDA

Traducción
Sandra Martha Dolinsky

Planeta

Obra editada en colaboración con Editora Planeta do Brasil Ltda - Brasil

Título original: *Nada a perder – Momentos de convicção que mudaram a minha vida*

Revisión y corrección de estilo: Pablo Moronta
Revisión de prueba: Fernando C. Moura
Diagramación: Mauro C. Naxara
Fotografías de interiores: Archivo Diário SP, Lumi Zúnica, Evelson de Freitas/AE, Demetrio Koch, José Célio, Pauty Araújo, archivo personal, Reproducción TV Record y CEDOC/Unipro
Portada: Morais
Imagen de portada: Demetrio Koch

Colaboración: Karla Dunder, Marcus Souza, Anne Campos, Isney Savoy, Vagner Silva y Leandro Cipoloni
Agradecimientos: Cristiane Cardoso, Renato Cardoso, Edna Macedo, Marcus Vinicius Vieira, Clodomir Santos, Romualdo Panceiro, Celso Junior, Guaracy Santos, Honorilton Gonçalves, Marcos Pereira, Luiz Moraes, Adriana Guerra, Rita Cruz, Terezinha Rosa Silva, Mariléa Sales, Alba Maria, Albino da Silva y Sheila Tavolaro

Primera edición impresa en México: enero de 2013
Primera reimpresión: febrero de 2013
ISBN: 978-607-07-1494-8

Impreso en los talleres de Litográfica Ingramex, S.A. de C.V.
Centeno núm. 162, colonia Granjas Esmeralda, México, D.F.
Impreso en México – *Printed in Mexico*

ÍNDICE

A mi Dios, Señor de mi vida.

Nada de lo que ocurrió sería posible sin el Espíritu de Dios.

Introducción

Existen dos maneras de ver el pasado. La primera es recordar momentos vividos, mortificándose con las marcas de sufrimiento y los traumas jamás borrados de la memoria, haciéndose esclavo de recuerdos difíciles y dolorosos. Otra forma de volver la vista atrás es absorbiendo lecciones de lo que pasó y traerlas al presente convirtiéndolas en aprendizajes. Utilizar la fe en las enseñanzas bíblicas para comprender que la tribulación produce paciencia; la paciencia, carácter probado; y el carácter probado, esperanza. (Romanos 5.3-4).

El profeta Moisés, inspirado por Dios, provocaba el recuerdo del pueblo de Israel ante situaciones de peligro o incertidumbre en cuatro décadas de huida por el desierto. Al establecerles las leyes a los hebreos, dictaminó que se hiciera siempre un recordatorio a las futuras generaciones: "Cuando en el futuro tu hijo te pregunte, diciendo: '¿Qué significan los testimonios y los estatutos y los juicios que el Señor nuestro Dios os ha mandado?', entonces dirás a tu hijo: 'Éramos esclavos de Faraón en Egipto, y el Señor nos sacó de Egipto con mano fuerte. Además, el Señor hizo grandes y temibles señales y maravillas delante de nuestros ojos contra Egipto, contra Faraón y contra toda su casa.'" (Deuteronomio 6.20-22).

Así inicio la primera obra con las memorias de mi vida. Serán tres libros para contar los retos del comienzo de esa jornada, el origen y la ardua construcción de los treinta y cinco años de la Iglesia Universal del Reino de Dios, nuestra trayectoria de batallas y logros marcada por episodios decisivos y sorprensivos, pero, sobre todo, para narrar mis experiencias espirituales jamás reveladas en tanto detalle.

Nada que perder no es una simple retrospectiva. No sé vivir de lo que ya pasó. Miro adelante. Por esa razón, esta obra se proyecta al futuro, con el objetivo de reunir y difundir experiencias personales, para cimentar la creencia de los que siguen firmes la fe cristiana y alcanzar a los que se consideran perdidos.

Este libro no sigue un orden cronológico preciso; escribí la mayoría de los capítulos fuera de secuencia, en forma temática. Trato los temas de modo individual buscando extraer enseñanzas prácticas de la creencia en la Palabra de Dios, vividas a diario. Esta tampoco es una exposición convencional de quienes conocí o de aquello que hice a lo largo de las últimas décadas, por lo que hay una serie de personas cercanas y anónimas ausentes en estas páginas. La intención principal de esta obra es dejar constancia, con mis propias palabras, de los momentos de convicción que transformaron mi vida y que pueden ayudar a tantas personas a que encuentren el significado mayor de sus existencias.

Nada que perder se basa principalmente en mis recuerdos y en los de Ester, fiel compañera desde el comienzo de este recorrido. Con la ayuda del periodista y escritor Douglas Tavolaro, que convive con nosotros hace nueve años, fundamenté mi narración con el auxilio de relatos de los primeros fieles, obreros y pastores, testimonios de mis familiares, documentos antiguos, crónicas y fotografías de la época. En algunos casos, necesité contar únicamente con mi memoria.

En las siguientes páginas hice lo mejor para escribir sobre las lecciones que esta caminata de fe me enseñó. Le pido a Dios que mi experiencia le sea útil al lector para tomar decisiones en su propia vida, para alcanzar lo que existe de más trascendente en este mundo: el logro de la salvación eterna del alma.

Le agradezco al Espíritu de Dios por la oportunidad de compartir mi historia con cada uno de ustedes.

CAPÍTULO 1

Mis once días
en la cárcel

CAIGA QUIEN CAIGA

Me da placer admirar el cielo. El sol, las nubes, la luna, las estrellas. Todo conforma una composición inmejorable, símbolo de lo que existe de más sublime en el don de la perfección. El cielo representa muy bien la transformación de un planeta que era sin forma y vacío.

Por dondequiera que viaje, paso horas mirando el horizonte azul y meditando sobre Dios. A solas, me siento en una silla, en silencio, sin leer ni oír cualquier sonido, sin conversar con nadie. Por lo general lo hago al amanecer. El sol me calienta el cuerpo. Medito sobre las promesas, la compasión, las voluntades divinas.

Miro dentro de mí.

Ese es mi momento con Dios. Jesús "se retiraba" al desierto para orar. Nadie lo acompañaba, él iba solo para vivir su intimidad de Espíritu. Era el alimento de su alma. Yo sigo su ejemplo. Los momentos de silencio, mientras contemplo la belleza del cielo, me hacen oír a Dios. Me hacen pensar. Y me traen recuerdos.

El cielo es también la expresión de la libertad. Cuando era un niño, sentía pavor al pensar en la privación. Les decía a mis hermanos que prefería que mi papá me diera unas bofetadas a que me prohibiera salir de casa. Me mortifica la clausura. ¿Qué ser humano es capaz de vivir feliz sin poder ejercer la libertad de ir y venir? ¿Sin tener la simple opción de elegir entrar y salir, ir a cualquier sitio y en el momento que lo desee? Esas parecen cosas sencillas, elementales, pero, sólo por un instante imagínese usted viviendo sin el control de sus actitudes. Yo sacrifiqué esa libertad para ver un cambio radical en mi trayectoria y en el futuro de la Iglesia Universal.

En 1992, cuando estaba en San Pablo, Brasil, predicaba todos los miércoles y todos los domingos en una pequeña y cálida iglesia que se encontraba en la calle Promotor Gabriel Nettuzzi Perez, en el barrio Santo Amaro. En aquel entonces, allí se encontraba nuestro mayor templo en Brasil. Habitualmente, yo iba a la reunión con mi esposa, Ester, y mi hija Viviane, la del medio, que en esa época tenía diecisiete años y era la única que vivía conmigo. Cristiane, la mayor, vivía y estudiaba en Estados Unidos. También Moisés, mi hijo adoptivo.

Era una mañana luminosa en San Pablo, un domingo especial, como era lo usual. Me desperté temprano para leer la Biblia y prepararme para la reunión.

El culto duró un par de horas. Hablé mucho acerca de la importancia de mantener una alianza con Dios y sobre cómo debemos, por sobre todas las cosas, confiar, y en cualquier situación, porque siempre lo que Dios hace es bueno y coopera para nuestro bien. Para terminar la reunión, recé por todos, pidiendo que se fueran a casa en paz y seguridad y que tuvieran una semana feliz. El culto había sido estupendo. Se había sembrado la palabra de salvación. Se había transmitido con viveza el espíritu de fe.

Pero resulta que me tocaba a mí ser puesto a prueba en la práctica. Era mi turno de probar la verdadera magnitud de mi confianza.

Abandoné el altar, despedí a algunos pastores, y, como hacía siempre los fines de semana, invité a mis amigos Laprovita Vieira y a su esposa Vera a comer en nuestra casa. Una vez en el coche, le pedí a Laprovita que me siguiera.

Primera hora del mediodía del día 24 de mayo de 1992, más precisamente la una y media de la tarde. ¿Cómo olvidar esa fecha y ese horario?

Era un tiempo de ataques a la Iglesia Universal, a mí y a mi familia. Desde que el trabajo había empezado a crecer, nos convertimos en blanco. El Clero Romano mandaba a sus anchas en Brasil, aún más que hoy en día. Eran políticos de prestigio, empresarios de la élite económica y social, intelectuales, jueces, magistrados y otras autoridades del Poder Judicial que tomaban decisiones bajo el influjo del alto mando católico. La Curia no admitía la aparición de un pueblo libre de la esclavitud religiosa que le imponían. Pero a mí eso nunca me importó. Mi misión ha sido siempre una sola: predicar la verdad del Evangelio a todos los que padecen.

Aún antes de la compra de la cadena de televisión Rede Record, en noviembre de 1989, ya habíamos sido víctimas de numerosas clases de abuso. La policía había invadido mi domicilio, las oficinas de la iglesia y las compañías relacionadas que existían para apoyar el trabajo evangélico. Yo era consciente de que las persecuciones no tendrían jamás un fin, aunque nunca podría imaginar que tales agresiones terminarían en detención.

Mi nombre ha sido ultrajado por años. Para quienes me odiaban, obispo Macedo era sinónimo de bandido. Lo mismo pasa aún hoy. Mucha gente ni siquiera me conoce y me desea el mal. Paciencia, me advertía sobre ello la propia Palabra de Dios. Muchas personas que se convertían cambiaban de opinión tras conocer de cerca el trabajo de la Iglesia y mis intenciones. No hay problema, ha sido así incluso con Jesús. Pero yo nunca acepté la idea de que la Justicia brasileña se dejaría influir por las voluntades del Vaticano o por la presión de la prensa manipulada por ellos.

La Iglesia Universal ya se encontraba en cuatro continentes y avanzaba sin parar. Ganábamos almas en todo el mundo. Miles de pastores y obreros levantados, millones de fieles se multiplicaban. Record había sido comprada sólo tres años atrás, todavía estábamos poniendo orden en la empresa, pero ya prometía un gran desarrollo. Todos sabían que Record tomaría el rumbo de un crecimiento sustentable e irreversible, como de hecho ocurrió.

Y yo pagué el precio.

Salí del aparcamiento de la Iglesia en el coche y circulé por unas cuadras, en la calle São Benedito oímos un ruido raro. La imagen permanece estática en mi mente: docenas de vehículos de la policía corriendo en nuestra dirección. Ester me preguntó si yo había cometido alguna infracción de tráfico.

—No, Ester. Conduzco como siempre.

—¿Y qué es eso, entonces? —me cuestionó Ester.

No me dio tiempo a contestar. Los vehículos de la policía,

con sus ruidos de sirenas, acelerando en forma feroz, ordenaban que me detuviera. Señalaban con violencia. Algunos sacaban la cabeza por la ventanilla de los vehículos y me gritaban.

Rodearon el coche. Ametralladoras, revólveres y un tremendo aparato de armas pesadas apuntadas a mí y a mi familia. ¿Qué mal les podríamos hacer? Yo, Ester y mi hija de diecisiete años. Casi perdí la cuenta de la cantidad de policías. Eran cinco comisarios y trece agentes civiles y federales.

Detuve el coche y levanté las manos. No entendía lo que pasaba. "Dios mío, ¿qué es todo esto?", me dije. "¡Dios mío!"

La escena parecía más bien un secuestro que un abordaje policial. En seguida recibí voz de arresto y me arrastraron hacia uno de los vehículos. En el asiento de atrás de mi coche se quedó mi Biblia, justo al lado de Viviane. No opuse resistencia. Ni podría.

Laprovita, en aquel momento diputado federal, intentó reaccionar y le pidió a la policía que tuviera calma. Mostró su credencial de identificación parlamentaria, que los policías le tiraron al piso. No había calma, sólo confusión y gritos de todos lados. Yo tenía ganas de pelearme con todos. Quería soltarme y proteger a mi familia.

Antes de entrar en el vehículo policial, giré rápidamente mi rostro para atrás. Por algunos segundos, vi a Ester y a Viviane gritando, pidiéndole explicaciones a los policías, pero nadie parecía oírlas. En la calle, se formó un pequeño tumulto. El coche de la policía salió acelerando, conmigo detenido entre dos agentes armados.

La expresión de desesperación de las dos, marcó mis recuerdos.

SEÑOR, ¿DÓNDE ESTOY?

En aquella tarde de domingo de 1992 estaba camino a la prisión. No sabía para dónde me llevarían, lo único que conocía era el trayecto a la cárcel. El rumbo a la penitenciaría.

Me temblaban las piernas. Me latía fuerte el corazón, pero seguí callado en el coche de la policía que disparaba a gran velocidad. A pesar del clima fuera de control, había paz en mi interior. En un descuido, el policía a mi izquierda dejó caer las esposas sobre mis pies. Los policías se veían nerviosos, tensos y descontrolados.

Yo no podía ver bien. Lo único que sentía era indignación. Pensaba dónde estaría mi familia en ese momento. Pensaba en Ester y Viviane, en el medio de la calle, desesperadas. Pensaba en la Iglesia. Pensaba en nuestro pueblo. Le pedía a Dios que me protegiera. Le pedí a Él que me protegiera a mí y a mi familia.

¿Quién sería capaz de afrontar una situación como esta sin la protección de Dios? Aunque caigan mil hombres a mi lado y diez mil a mi derecha yo estaré fuera de peligro. Aunque solo en una "batalla perdida", el profeta Eliseo tenía a su lado tropas más grandes y más fuertes que un ejército entero, con fuerzas militares imbatibles, bajo el mando del rey de Siria. Era un ejército de caballos y carros de fuego únicamente posibles de ver con los ojos espirituales. Había que ver lo invisible.

Los proverbios del rey Salomón revelan a Dios como escudo para los que caminan en la sinceridad. Escudo, defensa, auxilio. Amparo.

La sinceridad siempre ha sido uno de los pilares del oficio de la Iglesia Universal. Desde los primeros días de evangelización, al final de los años 1970, yo siempre les repetía a los pastores que la sustentación de nuestra creencia debería ser la honestidad ante el pueblo, y, sobre todo, ante Dios. Yo mismo he sido así siempre.

Odio disimulación, farsas, falsedades. Yo abandonaría mi profesión de fe como pastor u obispo si un día tuviera que recurrir a emociones o sentimentalismos hipócritas para garantizar miembros en la Iglesia. Pastores que lloran en el altar únicamente para conmocionar a quienes los ven. Auténticos artistas que hacen cualquier papel. Unas veces se hacen los buenos, otras veces los malos. Ello me provoca furor. ¡Me da una rabia! Rabia de quienes utilizan esos artificios sensacionalistas y baratos para mantener abiertas las puertas de su templo o de su congregación.

Yo no abro mano: mi ministerio y mi vida personal han sido, y serán siempre regladas por la sinceridad. Quienes me conocen saben lo que digo. La verdad por sobre todo.

Cualquiera que sea el costo, aunque en un primer momento ello pueda significar pérdidas para la Iglesia — de miembros, de ofrendas y de lo que sea. No importa. La verdad libera y la fe sincera nos asegura volver a ponernos de pie. Siempre ha sido así conmigo a lo largo de estas décadas de disposición a la obra de Dios.

Yo camino en la sinceridad, como dijo Salomón. Por esa razón yo confiaba en la protección divina incluso en medio a toda la truculencia de aquella detención injusta y cruel.

Luego de detenerme en la calle, la primera parada del vehículo fue en el DEIC, el conocido Departamento de Estado de Investigaciones Criminales. Un trayecto de 20 km que cubrimos en pocos minutos. Yo vestía un traje gris, camisa blanca y corbata roja. La misma ropa con la que había hecho la reunión en Santo Amaro. Me sacaron del vehículo y me empujaron hacia dentro del edificio de la policía. En los pocos pasos que di en dirección a la puerta de entrada, vi un cameraman con el chaleco de una de las principales emisoras de televisión del país. Era el único equipo de prensa en el lugar. Raro, ¿no?

Solamente cuando ya me encontraba dentro del edificio me informaron que había una orden de detención contra mí.

Mis pensamientos iban lejos: ¿Orden de detención? ¿Cómo era posible? ¿Con qué base legal? ¿Cómo un juez podría haber autorizado tal decisión? ¿Qué podría justificar mi detención? ¿Qué mala pasada me habían jugado esta vez?

Demasiadas preguntas sin respuestas.

Permanecí horas sentado en una de las salas de investigación del DEIC.

Mudo. Percibía un ajetreo continuo. Yo que siempre celé por pagar mis facturas al día, que sentía pavor con sólo pensar en retrasar pagos, estaba encarcelado. Esposado como si fuera un bandido peligroso. De pronto, otros policías me informaron que sería enviado a la comisaría donde me mantendrían encerrado por las próximas semanas.

Llegué casi al principio de la noche a la comisaría de Vila Leopoldina, en la zona oeste de San Pablo. Avenida Doutor Gastão Vidigal, 307, 91° Distrito Policial.

Esa era la dirección donde viviría mis once días de castigo.

Era allí donde viviría los once días más terribles de mi vida. Once días de soledad. Un antes y un después. Dios mío, el Espíritu del Altísimo me habría de guiar en ese desierto. Yo clamaba por una luz en el infierno de oscuridad que dominaba aquellos momentos.

En la puerta de la comisaría, bajé escoltado y otra vez iba siendo empujado por investigadores de la Policía Civil a toda prisa. Eran dos hombres que se empeñaban en mostrar sus armas colgadas en la cintura.

Caminamos hasta la última puerta del pasillo principal de la comisaría. Un portón de hierro separaba el zaguán del pasillo de las celdas. La separación entre la vida en libertad y la angustia de la reclusión. La frontera que distingue al ciudadano de bien de los que se entregan a la marginalidad. El honor deshecho. La dignidad tirada a la cuneta.

El portalón de hierro se abrió para mí.

"Señor, Señor, ¿dónde estoy?", yo me indagaba en pensamiento sin cesar.

José había sido encarcelado. Jeremías lanzado en las celdas de un calabozo. Daniel encerrado en una cueva. Pedro sufrió las aflicciones de verse prisionero. La Iglesia perseveró en oración y una luz resplandeció en la cárcel. A Pablo y a Silas los lanzaron a la mazmorra y los azotaron. Tembló la cárcel cuando ellos oraron.

¿Cómo reaccionar, a la luz de la fe, al convertirse en personaje de un drama real?

Las cuatro celdas estaban atiborradas. Más de veinte presos abarrotaban el reducido espacio. Vi la celda donde pasaría mi primera noche detrás de las rejas. Entré.

Fue inevitable: mis ojos pasearon por el ambiente sofocante. Todo era sombrío. Sin ventanas, luz, sol. Sin cielo.

Pesaba el aire. El fuerte olor incomodaba. Fue posible entender la indignación de la población carcelaria de Brasil.

Yo me encontraba parado, medio inmóvil, como si me hubiera detenido en el tiempo. Aún en la celda, algunos presos me reconocieron.

—¡Obispo! ¡Obispo! —gritó uno de los carceleros.

Me avisaba que yo necesitaba entrevistarme con el comisario responsable de la prisión, Darci Sassi. Educado, me habló de las reglas de funcionamiento de la cárcel y las normas de conducta de los presos. Bajé la cabeza y me mostré de acuerdo con todo, sin cuestionamientos. El comisario intentó confortarme diciendo que la Justicia era lo que era, no siempre funcionaba como debería ser. Lo miré a en los ojos y le dije que afrontaría todo aquello con entereza porque tenía fe en mi Dios.

Me llevaron de regreso a la celda. No había lugar para dormir, las camas ya estaban ocupadas y el piso tomado de colchones. La celda se destinaba a presos con enseñanza superior. El jefe de los presos se me acercó y también me explicó las reglas de conducta.

Había un único baño para todos los presos. Él me aconsejó a lavarme las manos en el viejo lavabo antes de tirar de la cadena.

Me senté en un pequeño espacio libre de la celda a la espera de cómo sería la noche. Horas más tarde, recibí una colchoneta, y con la ayuda de los demás presos, me hice un hueco para acomodarme. Estiré la colchoneta en el piso entre dos literas ocupadas por otros presos.

Empezó mi primera noche detrás de las rejas.

No cené, lo único que hice fue alimentar mis pensamientos. Tumbado, luchando para encontrar el sueño, las memorias rumiadas.

Raciociné más profundamente sobre la grandeza de Dios y sus designios. ¿Cómo comprender ciertas situaciones que nos alcanzan como un relámpago en medio a una tormenta? Pensé en el poder de libramiento del Espíritu Santo. Recordé los miles de milagros que había visto acaecer en la Iglesia Universal desde que empezara a predicar en el viejo templete de Méier, en Río de Janeiro. Los recuerdos de la funeraria que se convirtió en una iglesia cálida, escenario de arrepentimientos y vidas nacidas de nuevo.

El estadio de Maracanã y otros en todo Brasil atiborrados de gente rindiéndose ante el más grande de todos los milagros: el logro de la salvación del alma.

La debilidad del hombre y la fidelidad divina. El salmista declamó que Dios hace justicia a los oprimidos. Yo estaba oprimido. Ester, mis hijas, mi familia estaban oprimidas. El Señor libera a los encarcelados, levanta a los abatidos y ama a los justos. Yo clamaba por justicia.

Pero debía esperar. Confiar con todas mis fuerzas.

¡UN JURAMENTO ES UN JURAMENTO!

La madrugada en la celda fue sofocante. Cuando intentaba cerrar los ojos, algún preso me pasaba por arriba y me pisaba la colchoneta. Estaba justo en el camino del baño.

Al amanecer, me avisaron que recibiría varias visitas a lo largo del día. Ester fue la primera a encontrarme en aquella mañana.

Yo estaba tranquilo. Tras un breve café puro, me llevaron a una pequeña sala de la comisaría donde estaría más a gusto con mis visitas. Ester entró con lentitud por la puerta y en seguida se derrumbó. Mortificada, no pudo soportar verme encarcelado. Lloró en silencio.

El llanto de la injusticia.

—Te venís a casa hoy, ¿verdad? —me preguntó.

—No lo sé, creo que no —respondí con disgusto.

Ya más tranquila, me contó el padecimiento de aquella madrugada y cómo ella y Viviane se unieron en el dolor.

Imaginarme aquellas escenas incomodó mis memorias.

Hasta hoy, Ester suele decir que la detención le ha causado tan fuerte impresión que parece que ocurrió ayer. Ha sido justamente como un terrible susto que nos alcanzó de pleno.

Encontrarme con Ester me dio fuerzas para soportar la detención. Cuando nadie me podía tranquilizar, ella siempre tenía una palabra de apoyo. Una mirada, un abrazo, un roce. Suelo decir que Ester estuvo presa conmigo durante los once días. Era la otra pierna que me apoyaba, mi equilibrio. Sin ella, sería aún más difícil superar tantos obstáculos.

Antes que ropas limpias y productos de higiene, le pedí a Ester una Biblia. Aún más que sin el cariño de una esposa tan amorosa, yo no hubiera encontrado fuerzas para soportar los días encarcelado sin la Palabra de Dios.

El ánimo que necesitaba estaba en lo que el Espíritu de Dios me diría en la lectura del texto sagrado. Necesitaba socorro, aliento, dirección. Luz para mis caminos y lámpara para mis pies. La Biblia ha sido siempre una brújula en mi vida desde que me entregué al Evangelio, guiando mis actitudes, mis valores, mi creencia.

Y fue ella la que me hizo comprender que había, entre muchas, una promesa clara para mí en medio al caos que me rodeaba. En seguida me saltó un fragmento con evidencia: "En mi angustia invoqué al Señor, y clamé a mi Dios; desde su templo oyó mi voz, y mi clamor delante de Él llegó a sus oídos" (Salmo 18.6).

Yo comprendía el valor de una promesa. El valor de la palabra. Incluso entre los presos, como los que compartían la cárcel conmigo, existía el honor de la palabra. En el mundo del crimen funciona así: los bandidos crean y cumplen leyes con rigurosidad utilizando únicamente el empeño de la palabra. No existe papel firmado ni firma reconocida ante notario. Todo funciona sobre la base de la palabra.

Nadie incumple tales leyes porque sabe que el precio es la muerte.

Si es así entre los criminales, imagínese en la relación del hombre con Dios. No existe posibilidad de que falle un juramento divino. Lo único que debía hacer era mantener mi fe bien definida. Saber qué quería yo y en qué creía, sin vacilar.

Pero el tiempo es de Dios.

En la misma mañana del lunes recibí la visita de mis compañeros de Iglesia. Los demás obispos y pastores me abrazaban e intentaban animarme. Poco a poco fui conociendo la verdad. Y los disparates por detrás de lo que había ocurrido.

Primero, entendí que la orden de detención debía cumplirse dentro de la Iglesia Universal donde había hecho la reunión en la mañana de aquel domingo. Imaginé cómo sería si la policía invadiera el culto. ¿Cuál hubiera sido la reacción del pueblo? Los pastores y obreros podrían haber tomado una actitud impensada y las consecuencias, desde luego, serían trágicas. Concluí que Dios había protegido Su Iglesia.

Sólo en la primera conversación con los abogados fue que también entendí los motivos que fundaron el pedido de mi detención. Fui acusado de embaucador, curandero y estafador.

Embaucador, o charlatán, es el individuo que explota la buena fe de los demás a fin de obtener ventajas, un disimulado que finge poseer habilidades que en verdad no posee. Curandero es quien ejerce en forma ilegal la medicina o que simula tratar enfermedades por medio de rezos o magias. Y estafador es el famoso "171" en Brasil, aquel sujeto que dice mentiras con el fin de aprovecharse de los demás, que le encanta engatusar.

Esos fueron los motivos por los que la Justicia ordenó mi detención. Y también porque pensaban que yo me fugaría del país, aunque demostrara que poseía residencia fija y acudiera en forma fiel a todos los interrogatorios. Lo más repugnante, sin embargo, fue que me acusaran, en forma injusta, de crímenes que yo no había cometido.

Al oír aquellas explicaciones, mi indignación fue en aumento. Los profetas curaron. Elías curó a un niño ya sin vida tras multiplicar la harina y el aceite de una viuda. Eliseo curó al comandante de un ejército, héroe de guerra, víctima de la lepra. Ana, amargada de espíritu, fue curada de la esterilidad y nació Samuel. Ezequías oró, con disconformidad y lágrimas, y se salvó de una enfermedad mortal.

El Señor Jesús curó. Le ordenó a un paralítico que se levantara, que tomara su camilla y se fuera a casa. La mujer, con hemorragia, tuvo el flujo de su sangre detenido con un roce en las vestiduras santas. El niño atormentado de Cananea se curó con los gritos de persistencia de su madre. El ciego pudo ver con el lodo hecho con la saliva de Jesús. Más claro, imposible. Los discípulos curaron. Ellos imponían sus manos sobre los enfermos para darles salud. Las señales de cura siguieron la Iglesia primitiva.

Lo que hago en la actualidad es nada más que predicar esa misma fe: la confianza absoluta en el poder sobrenatural de la oración. Existen millones de personas en Brasil y en el mundo que pueden comprobar la verdad de esa fe que produce milagros. Estos existen, sí, y son reales en la vida del pueblo de la Iglesia Universal.

Y es por ello, además, sumado a la experiencia de tener un encuentro con Dios, que la mayoría de las personas permanece en esa creencia. Porque han experimentado algo más allá de lo común cuando nadie les daba la más mínima importancia o atención. Ni el gobierno, ni las autoridades, muchas veces ni su propia familia. Eran marginados que encontraron una razón de vivir y hoy son hombres y mujeres realizados, felices, completos. ¿Cómo convencerlos de que se curaron y se salvaron gracias a las manos de un "curandero" y "embaucador"? ¿Cuál es el sentido de acusar de "aprovechador" a quien sólo ofrece ayuda?

Además, ¿cuántos millones, quizá billones de reales, el trabajo de liberación y cura de la Iglesia Universal ya no permitió que los gobiernos economizaran únicamente en Brasil? Son adultos y niños que estarían llenando los hospitales públicos en busca de atención médica. Muchas son enfermedades de origen espiritual que no se pueden simplemente erradicar con el esfuerzo de médicos y enfermeros.

Esa misma economía beneficia los gobiernos con el trabajo de recuperación de criminales de norte a sur de nuestro país. Recuerdo dos casos verídicos que ilustran bien esta tesis. En uno de ellos, dos mujeres llenas de joyas y ropas de marca paseaban frente a los escaparates de tiendas famosas de una calle de San Pablo. Hablaban alto. Un joven que por allí pasaba camino al trabajo oyó que me criticaban duramente. Con rabia, decían que yo era un ladrón y lo único que hacía era explotar los miserables. El muchacho no se aguantó:

—Con permiso, pero ustedes no saben lo que dicen sobre ese hombre. Si no fuera por él, yo las estaría asaltando ahora mismo. Soy un ex-bandido. Y he sido recuperado por Dios en la Iglesia Universal —aseguró, ante la mirada asustada de las mujeres.

El joven pidió permiso y se fue a trabajar.

En otra situación, esta vez en Río de Janeiro, un ejecutivo llamó a un taxi al desembarcar en el aeropuerto. Le dio la dirección de su casa al conductor. En la primera parada del tráfico, el conductor se puso a charlar. Sin preguntar sobre la creencia de su pasajero, se puso a hablar de religión y disparó ataques contra la Iglesia Universal. Su larga perorata terminó con un "¿verdad?". Como respuesta, oyó una petición para que detuviera el coche.

—Usted debería agradecer a Dios la existencia de esa Iglesia. Soy ex-asaltante de taxi. Yo lo podría estar asaltando ahora, y usted quizá estaría muerto. Hasta luego —saludó indignado.

El hombre pagó el viaje hasta allí y tomó otro taxi para casa.

La conclusión es sencilla: en este exacto momento, ¿cuántos brasileños estarían presos, costeados con dinero público, o cometiendo secuestros, robos, asesinatos y otras barbaridades de no ser la intensa obra de resocialización de la Iglesia Universal? ¿Usted ya ha meditado sobre esto?

Pero la pregunta que martillaba mis pensamientos en las horas siguientes a las primeras visitas en la comisaría era: a fin de cuentas, ¿por qué me detenían por algo que no había hecho?

DAVID, GOLIAT Y YO

Los días se arrastraban. Pese a la indignación que me corroía en lo íntimo, buscaba mantenerme siempre sereno, concentrado, meditativo. Era el único camino para superar la indignidad de la cárcel. Cuando no había nadie de fuera con quien conversar, consumía las horas hablando con Dios y en la meditación de las Escrituras. No me separaba un instante de la Palabra de Dios.

La sala reservada para las visitas en seguida se convirtió en mi espacio permanente. El comisario me dijo que no quería alboroto entre los presos debido a la cantidad de personas que yo recibía. Pero, aún así, yo caminaba en el patio con los presos durante el baño de sol.

Pasé a ganarles la amistad. Me sorprendí con la simpatía y la hospitalidad de cada uno. Eran veintidós presos, entre abogados, médicos, jueces, empresarios y hasta políticos. La convivencia fue pacífica. Hablé a muchos de la salvación del Señor Jesús, incluso a algunos de los carceleros.

Por esa razón, hasta hoy yo estimulo el servicio voluntario de evangelización en los presidios. Acompaño de cerca los resultados del trabajo de miles de pastores y evangelistas que a diario señalan una salida para quienes padecen en el sistema penitenciario. El rescate se da allí, en el último peldaño de la exclusión social, en el momento de más grande agonía, cuando su mujer, sus hijos y sus amigos rehúsan al detento. No le queda nadie, sólo Jesús. Y es entonces que se da el hecho extraordinario de una nueva vida.

No son pocos los ejemplos de recuperación de vidas gracias al apoyo solidario y a los cuidados espirituales brindados por la Iglesia a los presos y sus familias. Muchos encuentran aliento en el más profundo abismo de sus existencias, castigados en una celda solitaria o aislados por las más temidas amenazas de muerte. El Espíritu de Dios por medio del Evangelio rescata a esa gente produciendo una sorprendente transformación de carácter, un cambio de personalidad, una total modificación de hábitos y costumbres en la manera de ser y vivir. Son nuevos hombres, mujeres y jóvenes desoprimidos de la criminalidad, reintegrados a la convivencia social por la fuerza de la fe cristiana.

En la primera semana en la prisión, autoricé a la prensa a hacerme fotografías detrás de las rejas. Yo estaba sentado al fondo de la celda, con las piernas cruzadas, leyendo la Biblia. Vestía una camisa blanca de mangas cortas y pantalones grises, que me llevó Ester. Paciente, pasé a atender a unos reporteros. En la primera entrevista que concedí después de ser encarcelado, hablé un poco sobre lo que había meditado en los días anteriores. Pensamientos extraídos de las páginas sagradas.

Ante un equipo de televisión, dije que me daba cuenta de que se trataba de un bautismo de fuego. Aunque no lo mereciera, yo me veía como los apóstoles, porque vivía la misma situación que habían vivido en los tiempos antiguos. Era un privilegio. Padecer como padecieron los hombres de Dios del pasado, por un Señor que abracé con todo mi entendimiento.

Dije más. Aseguré que, en aquel momento, la gente podría no entender, pero yo creía que todo aquello era para el bien. El bien de la Iglesia Universal, el bien de la obra de Dios y el bien de la fe de cada uno de nosotros.

Pero yo quería irme a casa.

El tiempo corría a cuentagotas. Cinco días en la cárcel y nada. Los abogados no me llegaban con ni siquiera una noticia positiva. Todas las peticiones de libertad habían sido denegadas. La liberación parecía lejana.

Solo, por las noches pensaba en el martirio que se arrastraba. Clamaba a Dios pidiendo consuelo para mi cuerpo y mi alma. Oraba susurrando palabras. Oraba en pensamiento. Oraba sin cesar.

Desahogarme con Dios ha sido siempre una de mis armas. De defensa y de ataque.

Yo me defendía al hincarme de rodillas para afrontar situaciones de desesperación. En esas horas en que el cielo se abre para quien suplica auxilio. Dios no está distante. A pesar de habitar "en lo alto y santo", Él también se encuentra junto al "contrito y humilde de espíritu" (Isaías 57.15).

Y atacaba al extender las manos contra las dudas que me oprimían los pensamientos. Una guerra incansable entre la luz y las tinieblas, la fe y el temor a la incertidumbre. Los hebreos, capitaneados por Moisés en la huida de la esclavitud de Egipto, se murieron en el desierto por dudar. El viaje de dos meses hacia la tierra indicada por Dios sobrepasó cuarenta años debido a los murmullos sin fin de aquella gente.

Mi fe vencería las dudas. Mis rezos me mostraban un único camino: debía convertir los problemas en una gran oportunidad. Dios no hizo el rey David. Goliat, el gigante, y la afronta contra todo el pueblo de Israel lo hicieron. Abraham aprovechó la esterilidad de Sara para probar su fe irrestricta en Dios. Los retos, las luchas, las dificultades son oportunidades de crecer.

Y así ocurrió conmigo en la cárcel.

La tardanza de la Justicia en autorizar mi liberación provocó circunstancias sorprendentes. Cada vez más personas, personalidades o gente común, incluso las que me criticaban, pasaron a demostrar apoyo. Me informaban a todo momento de declaraciones favorables a mi libertad proferidas por autoridades, políticos, artistas e incluso líderes de otras religiones.

Vi una unión ardiente de la Iglesia Universal.

Pastores, obreros y el pueblo en general pasaron a hacer vigilias en la puerta de la comisaría de Vila Leopoldina. Yo sentía la cadena de fe que envolvía aquel lugar. Parecía sentir la oración de miles de fieles en mi favor.

Cuando completé siete días en la cárcel, la comisaria de turno, Sílvia Souza Cavalcanti, me buscó para decirme que se sentía preocupada con el crecimiento de los manifestantes y me pidió que grabara un mensaje de radio a fin de tranquilizar los ánimos. Prontamente atendí a la petición.

Las habladurías decían que los miembros de la Iglesia Universal planeaban invadir la cárcel. Y la policía, claro, temía que ocurriera.

Le pedí al pueblo que siguiera con las cadenas de rezos y los ayunos, suplicándole a Dios que yo saliera a la calle cuanto antes, pero que mantuvieran la cabeza en su sitio. Y agradecí el cariño de todos en medio a tanta tribulación. Resultó curioso, ya que yo, que también necesitaba que me tranquilizaran, tuve que ayudar a enfriar los nervios de toda aquella gente.

Cierto día, más de mil personas, que protestaban en la puerta de la comisaría abrazaron el edificio en una enorme cadena de manos. Yo estaba tumbado en mi cama, recogido, cuando recibí la noticia.

La iniciativa me conmocionó.

Mi cuerpo ya daba señales de agotamiento. Yo casi no comía nada, lo único que ingería era agua, abundante agua. El descontrol emocional me sacó las ganas de alimentarme.

Muchas veces oía un coro de alabanzas que venía de afuera de la comisaría, resultado de la protesta de los miembros de la Iglesia. El comisario me contó que, al mirar por la ventana de la comisaría, veía numerosas ancianas, muchas cuya salud era frágil, llorando con sinceridad, rezando durante horas y horas sin cesar. Día y noche, muchas veces hasta la madrugada, formaban corros en la acera, dándose las manos, suplicando a Dios una respuesta para mí.

Gente que nunca conoceré, ni siquiera sabré sus nombres, pero, desde luego, preservaré una gratitud especial por cada una de ellas durante todos mis días en este mundo.

Al fin de la primera semana encarcelado, abandoné la comisaría para prestar testimonio. Me pusieron en el asiento trasero del vehículo de la policía, siempre con la Biblia entre las manos. Ya en el tribunal, me vi frente a frente con el juez que había firmado mi petición de detención. Era un muchacho joven, de poco más de treinta años, sustituto del titular de la vara criminal que había expedido el mandado. En el medio del interrogatorio, el juez me hizo una pregunta intrigante y abusiva, ya que no tenía la más mínima relacion con las acusaciones por las que yo respondía.

Quería saber si había disminuido la población de la Iglesia Universal tras mi detención. Fui seco. Dije que no, por lo contrario, que se había multiplicado. Los templos, de hecho, empezaron a abarrotarse de gente, muchos curiosos con las noticias y otros en apoyo a la lucha de la Iglesia.

Aunque otro hecho también me llamó la atención en el tribunal. Extrañamente, un hombre en sotana, probablemente un cura u otro integrante de la orden eclesiástica del Vaticano, acompañaba mi interrogatorio y tomaba notas de forma ininterrumpida. Nunca se permitía la entrada de nadie en esas situaciones, pero aquel día la escena fue distinta.

Una escena que hasta hoy aún no fue debidamente explicada.

Una voz en mi interior

Yo sentía indignación. No contra las autoridades, las instituciones, el gobierno, la policía, sino contra la injusticia. Jesús se rebelaba. Solo, expulsó los mercadores del templo de Jerusalén con un látigo. Era imposible tolerar una tramoya con tantas iniquidades.

En la comisaría, la prolongación de la angustia. En un par de días, recibí una sorpresiva visita que venía especialmente de Río de Janeiro: mi mamá, Eugênia Macedo Bezerra, que en aquel entonces contaba con setenta y un años. Al verme encarcelado, se puso a llorar. Puse mi mano en sus hombros y le dije:

—Tranquila, mamá. Dios está con nosotros.

—Yo lo creo, mi hijo —contestó y me abrazó—. Sigo rezando por ti todas las noches, cariño.

Siempre que ella entraba o salía de la comisaría, un ejército de reporteros la rodeaba pidiéndole entrevista. Una violencia difícil de soportar para alguien en aquella edad. Mi hermana Eris Bezerra, que vivió con mi mamá en sus últimos años de vida, recuerda que la prensa humillaba a la

Iglesia Universal y a nuestra familia en sus crónicas sucias, y ello lastimaba demasiado a mamá.

Pero ella permaneció firme a mi lado todo el tiempo, siempre animándome a tirar adelante.

El amor incondicional de mi saudosa madre, que falleció cinco años más tarde, me robusteció aún más detrás de las rejas. El juramento escrito por el profeta Isaías era claro: aunque una madre se olvidara de su hijo recién nacido a quien todavía amamanta, Dios no me olvidaría.

Mi nombre, como el de todos los que creen, se encuentra grabado en las palmas de las manos de Dios.

En el décimo primer día de cárcel, me desperté cierto de que la pesadilla estaba a punto de terminar. A primera hora de la tarde llegó la noticia. Por fin el juez había acatado el *habeas corpus*. El tribunal de jurisdicción criminal de San Pablo había votado por unanimidad por mi liberación.

Alivio. Respiré hondo. Dios, por fin, atendió mi clamor.

Yo no sabía si me reía o si lloraba; lo único que quería era recoger mis cosas y marcharme de allí. Quería mi libertad. Y llegó por la puerta de frente de la comisaría.

Antes de marcharme, les pedí a los pastores y obreros que distribuyeran docenas de Biblias a los presos. En la celda, recogí ropas y objetos personales con el auxilio de Ester. Vestí un traje azul marino y camisa blanca. Despedí a los carceleros, a los compañeros de cárcel, agradecí la convivencia de aquellos once días, saludé uno a uno. Y me marché.

Policías e investigadores de la comisaría organizaron un pasillo humano para mi salida. Eran poco más de las siete de la tarde.

Fue un alboroto general. Casi me exprimieron, todos querían grabar una entrevista, dejar constancia de mi imagen o hacerme una foto. Oía gritos de júbilo de los miembros de la Iglesia. Eufóricos, celebraban e intentaban saludarme con vibración.

Imposible olvidar esa escena.

Abandonamos la comisaría a toda prisa. Era el momento de irme a casa. Mejor dicho, hora de regresar a la Iglesia. Yo no podría pisar mi hogar antes de agradecer a Dios por liberarme de tanto sufrimiento. Decidí ir directamente a la Iglesia de Santo Amaro.

—De allí salí para la cárcel y para allí regresaré —le dije a mi hermano Celso Bezerra, que, sentado en el asiento del pasajero, orientaba al conductor.

En el asiento trasero, yo sostenía firme en mis brazos a Ester. El calor de mi esposa, el libramiento de Dios. Fue imposible no recordar un hecho singular: exactamente cuatro meses antes, yo había iniciado la composición de una canción inspirada en las palabras del profeta Isaías, en que exhortaba al pueblo de Israel a confiar en Dios en las batallas contra sus enemigos.

El 10 de enero del año de mi detención, finalicé la canción, que recibió el título "Eu sou contigo" [Yo soy contigo]. La letra era la confortación exacto para mi espíritu:

A quem livrei do abismo
Do lugar mais longínquo da Terra
Eu disse tu és meu servo
Eu te escolhi

Não temas porque não te rejeitei
Eu sou contigo
Não temas nem te espantes
Eu sou teu Deus
Eu sou o teu amigo
Te fortaleço e te ajudo
E te sustento com o Meu poder
Eis que serão
Envergonhados e confundidos
Todos os que te perseguirem
Serão todos reduzidos a nada
Aqueles que demandam contra ti

Eu sou contigo
Não temas nem te espantes
Eu sou teu Deus
Eu sou o teu amigo
Te fortaleço e te ajudo
E te sustento com o Meu poder
Estou contigo[1]

La canción era mi vida, lo que yo más necesitaba oír de Dios en aquel instante.

---

[1] *A quien libré del abismo / Del lugar más lejano de la Tierra / Dije tú eres mi siervo / Yo te elegí / No temas porque no te repudié / Yo soy contigo / No temas ni te espantes / Yo soy tu Dios / Yo soy tu amigo / Te fortalezco y te ayudo / Y te sustento con mi poder / Es que serán / Avergonzados y confundidos / Todos los que te persigan / Serán todos reducidos a la nada / Aquellos que demandan contra ti / Yo soy contigo / No temas ni te espantes / Yo soy tu Dios / Yo soy tu amigo / Te fortalezco y te ayudo / Y te sustento con mi poder / Estoy contigo. (N. de la T.)*

Apenas vi pasar el tiempo del camino de la comisaría hacia la Iglesia. Al bajar del coche, caminé con lentitud hacia el altar.

El altar, el lugar más alto del templo. Lugar de sacrificio, de renuncia, de entrega. Lugar de proximidad con mi Señor.

Yo estaba de regreso a mi escondrijo. El escondrijo de los hombres de Dios. Mi protección, mi escudo, mi refugio.

Estaba todo terminado. Dios era conmigo.

Me arrodillé de espaldas para el pueblo, cerré mis ojos y le hablé a Dios:

—Muchas gracias. Muchas gracias, Señor.

Al incorporarme, vi la gente agolpada. Una muchedumbre parada que se perdía al fondo de la Iglesia. Pastores, obreros, el pueblo. Hombres, mujeres, niños. Todos aplaudían sin cesar. Guardé silencio unos segundos. Y sólo dije:

—Todo honor a nuestro Dios.

Días más tarde, ya en casa, hice lo que hago hasta hoy en momentos de meditación. Pensé en el sentido de todo lo que había vivido en aquellos once días, imaginé recordar tantos sucesos amargos veinte años más tarde, cuando la Justicia ya me consideraba por completo inocente. Una a una, todas las denuncias de crimen fueron consideradas falsas, sin ninguna base de verdad. Fui absuelto de todas. Pero, lo peor: de tiempos en tiempos, incluso dos décadas más tarde, todavía intentan repetir las mismas acusaciones de siempre.

No resulta fácil tolerar. Cuando sufrí los primeros ataques después de comprar Record, la situación se hizo tan penosa que, confieso, deseé nunca haber empezado aquella empresa. Fue demasiado duro. Pensé en eso una y otra vez detrás de las rejas.

"¿Señor mío, por qué? ¿Por qué? ¿Qué quieres de mi vida?, pregunté en lo más íntimo. ¿Es que Dios no estaba más conmigo? ¿Es que me había abandonado? ¿Qué fue de Su misericordia y de Su poder? ¿Y qué de lo que prediqué todos esos años?"

Quería creer en mi mente, aunque muchas veces algo parecía resistir en mi corazón.

Siempre he buscado socorro en la Palabra de Dios, y la certeza y la confianza en seguida expulsaban las dudas de mi interior. Era la acción del propio Espíritu Santo. "Todo va a pasar, vas a vencer!", gritaba una voz fuerte en mi interior, en mi intelecto.

Ante las amarguras, el conflicto salía a la superficie: mis sentimientos guerreaban con mi fe. Pero la Biblia me brindaba renovación: Josué debía ser fuerte y valiente para tomar posesión de la promesa de Dios. Fuerte y valiente. Yo lo sería.

Seguí ese camino de la convicción. Y mi vida y los treinta y cinco años de la Iglesia Universal son pruebas reales de la fe que transforma situaciones. Y nos eleva hasta el cielo.

CAPÍTULO 2

CÓMO ENCONTRÉ A DIOS

EL DESTINO DE MI ALMA

"Obispo, un milagro se obró en mi vida. ¡Jesús me salvó! Tras oír las enseñanzas del Señor, decidí entregarme de veras. Llegué al fondo, pero me levanté. Nuestro Señor tuvo compasión de mí y me salvó. Gracias, logré la salvación."
(Marina de Fátima Conceição, 39 años, San Pablo/SP)

Leo estas palabras con alegría. Ese es apenas uno de los miles de comentarios que recibo todas las semanas en mi blog. La mayoría de personas expresa opiniones, comparte pensamientos o simplemente reafirma los mensajes publicados todos los días. Pero nada me impacta más que cuando leo experiencias como la mencionada arriba. No encuentro vocabulario suficiente capaz de traducir la satisfacción que me envuelve. Cuando menos espero, mis ojos se humedecen de la alegría de saber que un alma más ha sido rescatada del infierno.

Un logro sin precio expresado en términos sencillos y verdaderos. Esta es mi mayor recompensa. Vale totalmente el sacrificio a que me comprometo a diario, las interminables y espinosas luchas que trabo a todo instante contra el reino de las tinieblas. Existe una batalla sanguinaria, invisible e ininterrumpida entre Dios y el diablo por cada alma.

Tengo la costumbre de decir siempre que una vida salvada no tiene precio. "¿Qué dará el hombre en rescate por su alma?", dijo Jesús a sus discípulos. Sobre dos hermanos que se peleaban por una herencia, Jesús reforzó el valor de la vida eterna. Concluyó la parábola con un alerta de abrir los ojos como platos. "¡Necio! Esta misma noche te reclaman el alma; y ahora, ¿para quién será lo que has provisto?" (Lucas 12.20).

La muerte en este planeta es el fin de la línea. La Biblia muestra, con impresionante nitidez, que nada o nadie puede cambiar el rumbo del alma después del último suspiro en la Tierra. Dos ángeles se llevaron el alma del pordiosero Lázaro para el conforto espiritual del Reino de Dios. El rico agonizó en el infierno en tormentos. "Infierno", sí, es la exacta expresión utilizada en el Texto Sagrado. Un gran abismo separaba los dos. La vida y la muerte eternas.

La salvación es valiosa. Aunque la felicidad que me invade al lograr una nueva vida entra en conflicto con una profunda tristeza. Pienso en la muchedumbre aún no alcanzada por el mensaje redentor del Señor Jesús. "Padre mío, ¿qué debo hacer para que más gente se vea alcanzada?", le pregunto a Dios con insistencia, noche y día.

En el mismo espacio que leo historias de gente que se salvó, también recibo súplicas de ayuda. Las palabras que siguen, también registradas en el blog, representan un pequeño retrato de la agonía de quienes viven en la oscuridad del sufrimiento. Un clamor desesperado de quienes no saben más qué hacer, no ven más salida para sus dilemas y sus tribulaciones.

Un grito de socorro.

"Obispo, ¡necesito ayuda urgente! Mi situación es caótica, me siento vacía, tengo ganas de morirme. Veo sombras, oigo voces que no existen, padezco insomnio, siento demasiado temor. Mi marido me abandonó, me dejó sola con nuestros dos hijos. No tengo ganas de salir de la habitación, pienso en el suicidio todo el día. Todo está mal, no tengo más esperanzas. Para mí, lo único que me queda es la muerte. Por el amor de Dios, ¡ayúdeme!"

(Amiga desesperada, 41 años, Londrina/PR)

Noto el dolor de cada una de esas personas. Una a una, sin excepción. Hombres o mujeres, pobres, ricos, diplomados o analfabetos, negros, blancos, de cualquier raza u origen, religiosas o no. No importa. Son quejidos que resuenan en mi espíritu. Donde esté y adonde vaya, en Brasil o en otros países, siento en mi piel las angustias, las depresiones, las penurias afectivas, las frustraciones, los traumas y otros tantos dramas multiplicados en la rutina del ser humano.

Con sólo mencionarlo, mi sangre late con más fuerza por semejante reto que hoy da sentido a mi existencia, el norte hacia el que encamino mi destino en este mundo: la salvación de las almas. Esa es mi obstinación.

Una pasión extremada de redimir vidas. Quien se salva desea salvar. Fui salvado para salvar. Eso es lo que conduce

En protesta contra mi detención, los miembros de la Iglesia Universal se dieron las manos rodeando la Asamblea Legislativa de San Pablo.

La comisaría en San Pablo, donde pasé once días esperando una decisión de la Justicia.

Los policías me trataron como un bandido peligroso al conducirme al Tribunal.

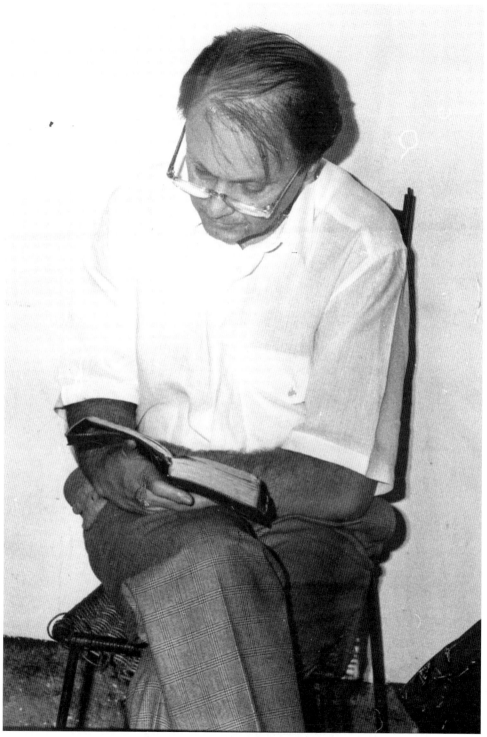

La meditación en la Biblia fue mi consuelo y me dio fortaleza interior detrás de las rejas.

Cuando obtuve la
libertad, a pocos pasos
de la calle, acompañado
de mi hermano Celso
(a la derecha) y del ex
deputado Laprovita
Vieira.

El templo de Santo Amaro donde realicé cultos
antes que me arrestaran y luego de ser liberado.

En la primera
reunión al salir de
la cárcel, le agradecí
al Espíritu de Dios
por Su protección.
Tras la oración,
abracé a Ester, a mi
lado todo el tiempo
en aquellos días
difíciles.

Fotos que registré del amanecer en Portugal y del horizonte en el mar de Estados Unidos. "El cielo es mi trono y la tierra el estrado de mis pies" (Isaías 66.1).

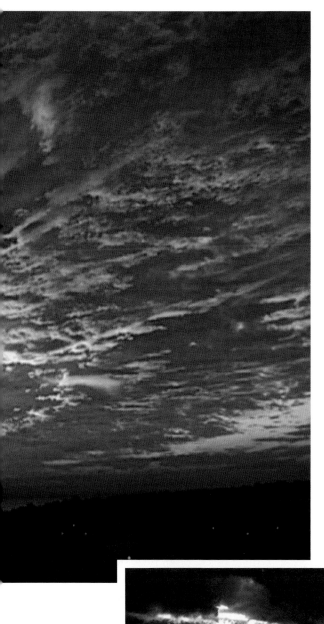

Nací y pasé los primeros años de mi vida en la pequeña ciudad de Río das Flores. Pasé mi infancia y parte de mi juventud entre viajes por el interior de Río de Janeiro y de Minas Gerais.

ESCOLA PORTUGAL
TURMA 15

Desde joven,
Ester siempre fue
muy simpática
y elegante. Para
mí, su belleza
más grande es el
carácter de Dios.

Arriba: En una fiesta de familia con mi papá, tíos, hermanos y primos en Simão Pereira. Abajo: En viaje hacia Caxambu. Ambas ciudades del interior de Minas Gerais.

El día de nuestro matrimonio, con mis padres, Henrique y Eugênia, más conocida como doña Geninha, fue uno de los momentos más felices de mi vida.

Ester y yo en viaje de luna de miel. Fueron momentos de alegría y placer que, pese a tantas dificultades, se extendieron por todos estos años.

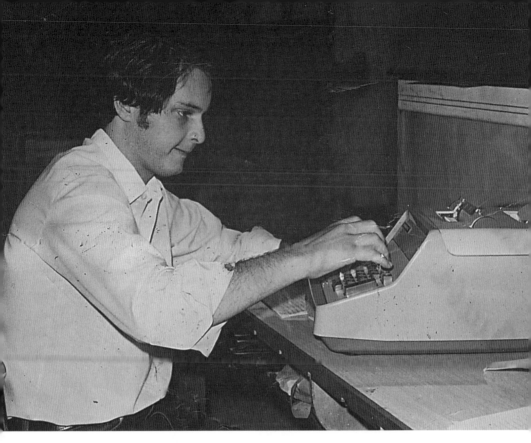

Trabajando en la Lotería del Estado.

Mi carnet de estudiante de la Escuela Nacional de Ciencias Estadísticas, en Río. El sueño de predicar el Evangelio me conmocionaba día y noche.

Siete han sobrevivido.

Yo nací de un parto natural hecho por mi abuela materna, Clementina Macedo. En aquella época, era común acudir al servicio de las comadres, sobre todo en ciudades del interior, donde no existían médicos o enfermeras. Fue en un domingo de carnaval, día que una explosión en una de las calderas de la cooperativa de leche de Río das Flores asustó a la ciudad. El susto hizo que mi mamá, vecina del lugar del accidente, entrara en trabajo de parto.

Yo nací el día 18 de febrero de 1945.

Soy el cuarto hijo, el segundo varón de más edad. Yo y mis hermanos fuimos criados con austeridad, a gritos y reprehensiones agresivas por parte de mi papá. La disciplina era una regla inviolable en casa. Mi mamá era la protectora del hogar, la mujer que nos educó con amor y celo tan grandes que nos convertimos en jóvenes sin rebeldía. Ella me enseñó a orar el Padre Nuestro, y así, a su manera, a creer en Dios. Nací, crecí y me eduqué en esa fe inoperante y sin comprometimientos. No por culpa de mis padres, sino por simple ignorancia espiritual.

Esa semilla de creencia me acompañó en los años posteriores. Todas las veces que me encontraba en peligro, como, por ejemplo, cuando hacía alguna travesura cuyo resultado desde luego sería una paliza propinada por mi papá, yo usaba una frase de protección. Corría para mi dormitorio o para el baño, cerraba bien mis ojos, juntaba mis manos y susurraba dos o tres veces:

—Dios es grande. ¡El Señor Jesucristo me ayuda! Dios es grande. ¡El Señor Jesucristo me ayuda!

Esa frase fue mi "amuleto de buena suerte" en el período antes de la conversión. Yo pensaba que me defendía de las situaciones de riesgo y vergüenza como también cuando me convertía en motivo de burla entre los compañeros de mi edad, en la escuela, a causa de mi deficiencia en las manos. Nací con un problema genético en las manos, una pequeña atrofia en los dedos. Mis índices son torcidos y mis pulgares finos. Todos esos tienen poca movilidad. Sólo los otros tres dedos tienen movimientos normales. Mi abuela paterna tenía dedos a menos en cada mano y yo heredé esa incorrección.

Confieso que, muchas veces, sentía cierto complejo de inferioridad, me consideraba el patito feo de la escuela e incluso de la familia. Siempre era motivo de burla en esos tiempos. Varios adultos y niños de mi edad me llamaban "dedinho" [dedito], lo que me ponía rojo de vergüenza. Yo tenía la sensación de que todo lo que hacía me salía mal. A veces, me sentía un estorbo, aunque eso no me impidió tener una vida tranquila. Nada que me atormentara, me sacara la paz o me hiciera cuestionar a Dios.

Llegó la adolescencia como una fase sin compromisos con la fe. Yo disfrutaba al ironizar la creencia de los evangélicos. Cuando pastores y fieles de la Iglesia Asembleia de Deus [Asamblea de Dios] se reunían para orar y evangelizar en el campo de São Cristóvão —tradicional área de ocio del barrio fluminense donde vivía con mis padres— yo pasaba en bicicleta para burlarme de ellos.

—*Aleluia, aleluia! Como no prato e bebo na cuia*[2]—gritaba riéndome, mientras pedaleaba más rápido para evitar represalias.

---

[2] *Una traducción literal sería: "¡Aleluya, aleluya! Como en el plato y bebo en la calabaza", aunque no tiene rima en español. (N. de la T.)*

Sin embargo, conmigo, solo en mis pensamientos, yo seguía perdido en una era de incógnitas. Tenía en mente que tanto el bien como el mal provenían de la misma fuente: Dios. Si algo era bueno, entonces lo consideraba una bendición divina, pero si era malo, lo consideraba una punición de Dios. A la vez, me valía de las aventuras de la juventud, con besuqueos, amistades y bailes regados a mucha danza y flirteo, aunque siempre con una abismal e inexplicable sensación de vacío. Nada de lo que oía sobre Dios me completaba. Demasiadas cosas no tenían sentido.

¿CONOCIENDO A JESÚS?

A los quince años, un día feriado de Viernes Santo, me "arrastraron" a conocer a Jesús. No mi Jesús. El Jesús muerto.

Considero que me "arrastraron" porque el Viernes Santo obliga a las personas a emocionarse con la muerte de alguien que está vivo. Yo no tenía tal discernimiento. Y empujado por esa fe emotiva, fui a la iglesia católica.

La parroquia en la calle São Januário de Santo Agostinho, camino del estadio de Vasco da Gama, en São Cristóvão, estaba repleta. El lugar adornado con velas y flores para un día de celebraciones. Cuando entré en misa, vi la imagen del cuerpo de Jesús tumbado sobre una mesa y docenas de personas a su alrededor rezando. Repetían palabras sin exactamente pensar lo que decían.

La imagen causaba *shock*. Jesucristo, ensangrentado, dilacerado, clavado en la cruz. Yo me encontraba en la ceremonia de adoración al Señor Muerto, así llamado por el Clero Romano. Mi pregunta fue inevitable: "¿Quien necesita más ayuda aquí, él o yo?".

Y me repetía esa pregunta, indignado por completo. No comprendía como tantas personas se arrodillaban y hacían rezos y clamores seguidos ante una imagen sin poder de acción. Una imagen que despertaba más lástima, pena, compasión que necesariamente fe, convicción, certeza de atención y respuesta. ¿No estaba yo ante un Dios que todo puede? ¿Dónde estaba el Señor de quien oía hablar?

¿Dónde estaba el Dios Todopoderoso, invencible en las batallas? ¿El Señor de la grandeza y de la gloria? ¿Cómo me podría ayudar? ¿Acaso no era el Creador de los cielos y de la Tierra? ¿Cómo podría ser verdad lo que veía yo?

Más tarde, tales reflexiones me llevaron a comprender los males de la idolatría en la vida del ser humano. Millones y millones de personas esclavizadas por creer en algo que no funciona. Sé que hay mucha gente sincera, como yo lo era cuando cargaba mis imágenes en la cartera, pero ello no significa creer en lo que enseña la Biblia. El Espíritu Santo me hizo pensar en aquel Viernes Santo. No sabía si rezaba por mí o por aquella imagen, muerta, sufrida sobre la mesa, ante el llanto de una muchedumbre de devotos. No tenía sentido. Mi inteligencia se sentía agredida.

Hoy comprendo que no debemos orar a los santos e imágenes por un motivo simple: ellos no pueden hacer nada por nosotros. Fueron personas comunes que sirvieron a Dios así como los cristianos fieles sirven en los días de hoy. Los milagros que realizaron en vida, registrados por la historia bíblica, sólo pudieron ser por el poder del Espíritu Santo, que también habita hoy en todos los que creen.

Los apóstoles, por ejemplo, jamás han reivindicado la posición de mediadores entre Dios y los hombres. Pedro rehusó que lo trataran como un ser sobrenatural: "Y sucedió que cuando Pedro iba a entrar, Cornelio salió a recibirlo, y postrándose a sus pies, lo adoró. Mas Pedro lo levantó, diciendo: Ponte de pie; yo también soy hombre" (Hechos 10.25-26).

La Biblia es clara: el único mediador entre los hombres y Dios es Jesús. "Y en ningún otro hay salvación, porque no hay otro nombre bajo el cielo dado a los hombres, en el cual podamos ser salvados." (Hechos 4.12). No se trata de falta de respeto o agresión a la fe de una religión o de otra, sino de lo que se necesita decir en nombre de la verdad. La verdad que libera. No mi verdad, sino la verdad de la Palabra de Dios.

Aún adolescente, en las visitas esporádicas que hacía a las parroquias, pasaba minutos observando los padres a distancia. Para mí, hombres santos, puros, sin máculas. Representantes de Dios en la Tierra. Agitaban el incensario, ordenaban el sacramento, pasaban la hostia. La sotana blanca, con cadenas y crucifijos dorados al cuello. Arzobispo, monseñor, cardenal. Nombres pomposos, para mí, en aquel entonces, sinónimos de pureza.

Los años siguientes, desafortunadamente, me demostraron lo contrario —y, claro, no se trata de una regla. Los crímenes de pedofilia me producen una sensación asquerosa. Peor, quizá, es la manera criminal como algunos religiosos encubren semejantes actos cobardes.

La impunidad de quienes abusan sexualmente de niños se convirtió en uno de los disparates más grandes de la humanidad. Son miles de casos en todos los continentes.

En la Iglesia Universal, lo punimos sin piedad. Ya hemos afrontado casos de pastores involucrados con pedofilia expulsados de la Iglesia. Sin conversación o negociación ni cualquier posibilidad de encubrir semejante barbarie. No importa el origen, el puesto o el tiempo de trabajo del pastor en la Iglesia. Con la acusación comprobada, al pastor pedófilo se lo expulsa de inmediato de la plantilla de los siervos de Dios, e incluso prestamos total apoyo a la Justicia para la condenación legal del criminal.

Rehén de la indefinición

Mi busca de Dios proseguía al acercarme de la mayoridad, a los diecisiete años. Trabajaba ya, había encontrado un buen puesto en la lotería de Río de Janeiro, en 1961. Inicié carrera como funcionario público con la ayuda del ex-gobernador de Río, Carlos Lacerda, y la persistencia de mi mamá, que le pidió trabajo para dos de sus hijos. Entre mis atribuciones en la lotería estaba servir café a los directivos. Yo era una suerte de *office-boy* de los días de hoy.

Todo parecía caminar dentro de la normalidad, pero, de pronto, una enfermedad conmovió nuestra familia.

Mi hermana mayor, Elcy, pasó a desarrollar un cuadro crónico de bronquitis asmática. Tras casarse, fue a vivir a São Cristóvão, en una casa vecina a la nuestra, pared con pared. Unos días, sobre todo los más fríos durante el invierno, lo que vivíamos era atormentador. Jadeante, sin poder respirar, Elcy buscaba el aire sin éxito. Desesperada.

Mi mamá y mis hermanas no sabían qué hacer. Corrían de un lado a otro, le tomaban las manos entre las suyas, le daban masajes en el pecho, abanicaban el aire, gritaban, y nada. Elcy no respiraba. Parecía desfallecer, borrar su consciencia y no regresar más. Las crisis ocurrían de día, de noche, y las más terribles, en la madrugada. Difícil olvidar aquellas escenas. Por la excesiva y variada cantidad de fármacos, ella adelgazó muchísimo y se puso esquelética.

La enfermedad de Elcy conmovió a toda la familia e hizo que todos buscasen salidas. Tratamientos médicos no producían más resultados. Rezos y promesas a los santos e imágenes tampoco. Llegó el momento de buscar solución en un centro espiritista llamado Santo Antônio de Pádua, en la calle General Argolo, cercano a nuestra antigua casa, en São Cristóvão.

Yo seguía creyendo en Dios y acepté la idea de frecuentar el centro para acompañar a mi papá y solicitar ayuda para Elcy. Inclusive tomaba un pase. El médium pasaba sus manos una y otra vez alrededor de mi cuerpo diciéndome que transfería fluidos de energía positiva. Mi papá se hizo asiduo del lugar y no tardó mucho en reclamar que toda la familia participara en las sesiones.

Cierto jueves, en medio a toda aquella agonía provocada por la enfermedad de Elcy, me presenté en el centro en busca de una curación para mí. Tenía verrugas esparcidas por todo el cuerpo, desde la cabeza hasta los pies. Me consulté con un médico espiritista famoso, conocido como doctor Santos Neto, que prestaba asistencia gratuita a los moribundos. El doctor me miró de arriba abajo y fue directo al grano:

—¿Cuál es la verruga más grande que tienes?

—Esta —señalé mi dedo.

El hombre tomó una pluma estilográfica, dibujó una cruz justo arriba de la verruga y pronunció un rezo casi incomprensible.

—En una semana va a desaparecer. Créeme, muchacho.

¡Y es que las verrugas se esfumaron siete días más tarde! Aquello me fascinó, creía aún más en el poder de curación del centro espiritista. Mi cuerpo se encontraba limpio. Una señal. Un indicio sobrenatural que podría zanjar mis inquietudes espirituales. ¿Es que, por fin, había encontrado a Dios?

Al cabo de unas semanas, al mirarme al espejo, vi una marca rara en mi cuerpo: una verruga había resurgido. Días más tarde, otra. Y otra, y otras...

En el principio de la Iglesia Universal, en el Templo de la antigua calle Abolição, pasé a observar con más detalle las manifestaciones de los espíritus que provocan enfermedades. Las reuniones de curación estaban siempre abarrotadas. Y yo me preguntaba si el mal tiene el poder de curar. Y si lo tiene, cómo actúa para mantenernos apartados de Dios incluso con la solución para el dolor físico. Hoy veo que eso sucede mucho, incluso en Iglesias evangélicas que aseguran predicar Jesús.

En 1995, escribí el libro *Orixás, caboclos e guias: Deuses ou demônios?*, contando experiencias basadas en nuestro trabajo de liberación espiritual desde antes de mi consagración como pastor. En uno de los apartados, comento las curaciones espirituales. Todo parece bastante actual.

Los espíritus inmundos hacen de todo para atraer e involucrar la mayor cantidad de gente posible. En su ansia satánica, anuncian que pueden curar, solventar problemas, atraer prosperidad, liberarnos de algo o alguien, realizar deseos etc.

La gran verdad respecto a las presuntas curaciones y operaciones invisibles que se hacen en el espiritismo es lo siguiente: para atraer una persona,

los espíritus inmundos entran en olla, y por no poseer el suficiente revestimiento cristiano, ponen sobre ella una enfermedad. Entre conversación y conversación, acaban por llevarla al camino del mal, donde practican tales cosas.

El espíritu que causa la enfermedad se manifiesta en el médium que hará la presunta curación u operación, o sella un pacto con aquél otro espíritu maligno que se encuentra en el médium. Así, se aparta, y mediante ese pacto hace que la persona se cure, o "mejore".

Cuando los espíritus desean dominar por ese método, siguen causando enfermedades a fin de sojuzgar al individuo; cuando no, lo curan, dejándolo casi completamente bien. Digo casi; de ahí en adelante, entran en su mente y en su corazón, que ya ha sido conquistado por la "gran obra" presuntamente realizada. Es decir, crean dificultades para vender facilidades.

Muchas personas que llegan enfermas a las reuniones salen de ellas curadas tras expulsar de sus vidas toda clase de espíritus inmundos que las habitaban.

Mediante el ejercicio del poder de Dios, el mal confiesa sus intentos destructivos sobre la vida de aquellos a quienes posee.

Todo lo que aclaramos aquí muchas veces lo dicen los propios demonios, cuando ejercitamos nuestra fe en Jesucristo para hacerlos confesar.

Aunque frecuentando el centro espiritista, Elcy no se curó de la bronquitis asmática. Las crisis respiratorias, en la mayoría de ataques, la mantenían despierta hasta el amanecer. Y fue en una de esas madrugadas que ella oyó el mensaje de fe de un pastor canadiense en la antigua radio carioca Mayrink Veiga, emisora en la que estrenó la cantora Carmen Miranda. Sin poder pegar ojo, oyó la predicación entera y oró con el pastor.

La mejora la sintió de inmediato. En los siguientes días, Elcy volvió a acompañar activamente el programa en la radio. El que predicaba era Robert Mcalister, conocido simplemente como obispo Roberto, que invitaba a los oyentes a los cultos de una Iglesia llamada Nueva Vida. Elcy aceptó la invitación y decidió conocer el sitio, que funcionaba en el edificio de la Associação Brasileira de Imprensa [Asociación Brasileña de Prensa] ABI, en la zona central de Río.

La vida de Elcy sufrió un vuelco: sus crisis de asma se esfumaron y ella acudía con asiduidad a esa Iglesia. Su curación llamó la atención de mi familia, y en menos de un año todos pasaron a acompañar la más reciente seguidora del Evangelio. Yo fui uno de los últimos a seguirla, aunque no el menos interesado en buscar y encontrar a Dios.

El "antes y después" de mi hermana mayor me hizo despertar. Pese a que nunca más había pisado cualquier iglesia católica después de conocer el Jesucristo muerto, yo todavía creía en mis imágenes de santos. Tenía fe. Era devoto de San José, siempre llevaba conmigo una imagen al pecho. En el bolsillo o en la cartera cargaba las imágenes de papel de José, María y Jesús. Seguía creyendo en mi "amuleto de buena suerte" en las horas de peligro. "Dios es grande. ¡Jesucristo me ayuda!" En el centro espiritista, creí en la curación de mi enfermedad a pesar de que volvió más tarde con más fuerza aún.

Yo me sentía indefinido. No sabía qué quería ni en qué rumbo concentraría mi fe. Pero deseaba encontrar a Dios.

Mientras se afirmaba en su nueva creencia, Elcy pasó a hablar con regularidad de la Biblia en casa. Sus palabras me alcanzaron. Pasé a intentar comprender algunos pasajes del Texto Sagrado, pero afrontaba enormes dificultades. Todo parecía complicado. Las simbologías, los nombres, las expresiones e incluso los mensajes espirituales más sencillos se convertían en un rompecabezas indescifrable. Nada me era familiar. Así que entendí que podría conocer más de los misterios de la Biblia si participara en los cultos con mi hermana.

Fue cuando entré por vez primera en Nueva Vida. Desde ese día, pasé a acudir siempre las noches de miércoles y las mañanas de domingo a la sede de la ABI, donde se reunían cerca de quinientas personas.

Yo contaba con exactos dieciocho años.

HAY QUE PERDONAR

Me mantuve más de un año en la Iglesia como un creyente no convertido, alguien que sólo participaba en los cultos, sin compromiso, sin haber encontrado a Dios.

Buscaba inclinarme a las enseñanzas de la Biblia, pero todavía guardaba la imagen del santo en el bolsillo. Fue una época de temor continuo.

Me preocupaba el futuro de mi alma. El pastor predicaba la salvación, aunque yo no me entregaba, me resistía en mi interior, oía más la voz de mi corazón que de mi mente, la voz de mi razón.

El destino de mi alma me quitaba el sueño. "¿Si me muero, adónde voy?", me preguntaba en la escuela, en el trabajo, caminando por las calles. No sentía seguridad porque no estaba seguro de la vida eterna. El infierno era inminente para mí. Durante los cultos, siempre que un pastor, cualquiera que fuese, invitaba a los oyentes a renunciar a sus vidas en el altar, allí me encontraba.

—¿Quién desea aceptar a Jesús como su único salvador esta noche?

Yo levantaba la mano.

—Esta mañana de domingo, ¿quién desea aceptar al Señor Jesús como su salvador?

Allí estaba yo otra vez con la mano levantada. Y fueron tantas veces que no recuerdo la cantidad exacta. En un año, fueron tantas veces que perdí la cuenta.

Fue así como Ester me vio en la Iglesia, en el entrepiso del salón donde yo solía sentarme. Rememorando el pasado, a veces, ella cuenta que llegó a sentir lástima de mí.

—Un día, le comenté a mi mamá: "Siento una lástima de aquel muchacho. A todo apelo del pastor acepta a Jesús; no entiende nada. Él no se convierte nunca" —recuerda Ester.

Elcy, ya firme en la fe cristiana, decía que yo era bastante insistente, que oraba mucho, pero parecía perdido.

Yo, de hecho, estaba perdido.

Había empezado a afrontar mi vida de manera equivocada. Primero debía sepultar mi yo, mi viejo hombre. Tenía que vencerme a mí mismo. Tenía que perdonar.

Siempre tuve mal genio. El perdón no formaba parte de mi carácter. Pasé dos años sin hablar con mi hermana Eris. Yo era extremadamente temperamental y me peleaba en serio por cualquier tontería. Prueba de ello es que ni recuerdo a ciencia cierta el motivo por que abrigué rencor por ella. Aunque frecuentaba la Iglesia, nutría resentimiento por mi propia hermana.

Buscaba ser simpático y sincero, tanto que trababa amistades con facilidad, pero si un individuo me hacía algo, yo me enfurecía y lo despreciaba a punto de no querer saber nada de él nunca más. Yo no perdonaba, y listo. La verdad es que yo era endemoniado, perturbado, y, por ello, tenía mal genio. Hoy día, puedo expresarlo abiertamente, porque descubrí qué había en mi interior.

El perdón es uno de los actos básicos de la fe cristiana. Resulta tan trascendente que Jesús dijo que no debemos perdonar sólo siete veces, sino setenta veces siete. El perdón debe de ser infinito. Cuanto más se da, más se recibe. No hay límites para perdonar.

Yo creía que el tiempo era capaz de borrar mis resentimientos. Pero no. El pastor predicaba que debía perdonar a los hombres para que Dios me perdonara. "Porque si perdonáis a los hombres sus transgresiones, también vuestro Padre celestial os perdonará a vosotros. Pero si no perdonáis a los hombres, tampoco vuestro Padre perdonará vuestras transgresiones" (Mateo 6.14-15). Debía practicar esa dura lección para definir mi futuro. Como dijo el apóstol Juan, "quien es de Dios oye las palabras de Dios". Al contrario, quien rechaza las palabras de Dios, no es de Dios.

No había más camino que ese: para encontrar a Dios, yo debía perdonar. La falta de perdón neutralizaba mis rezos. El rencor hizo que los cielos se cerraran, en forma literal, para las numerosas súplicas que yo hacía a diario. Volvía a la Iglesia y repetía la oración del Padre Nuestro juntamente con todos los miembros. Mi voz se oía robusta.

—Perdona nuestras ofensas, como también nosotros perdonamos a los que nos ofenden —pronunciaba en coro con la Iglesia, plasmando el viejo refrán: "Haz lo que digo, no lo que hago".

Resulta que el perdón es uno de los principales obstáculos para quienes deciden convertirse al Señor Jesús. Es difícil perdonar. En estas décadas sirviendo a Dios en el altar, he visto mucha gente que llega a la Iglesia y se muere con odio en su corazón. Resentimientos contra su padre, su hijo, su esposo, su esposa, un amigo. Motivos la mayoría de veces banales en apariencia, pero que hieren a los demás.

El perdón cura, libera, produce salud y vida. La propia medicina lo descubrió. El perdón ayuda al organismo a fortalecerse contra las enfermedades. Perdonar libera el cuerpo de sustancias que lo único que hacen es mal. Ya leí varios estudios en los que se muestra que guardar resentimientos, inculpar a los demás o aferrarse a los rencores estimula al organismo a liberar en la corriente sanguínea las mismas sustancias químicas asociadas al estrés, que dañan al cuerpo. Guardar rencor hace mal a la salud. A la larga, la acumulación de compuestos nocivos generados por tal sentimiento causa daños al sistema nervioso, al corazón, y disminuye la inmunidad. El ejercicio del perdón desencadena las reacciones idóneas al mantenimiento de la salud, el bienestar y el control de las enfermedades.

Pero, ¿cómo perdonar? Bajo el punto de vista del corazón, resulta humanamente imposible. ¿Cómo obligar al corazón que deje de sentir algo que siente? El corazón no olvida, es sentimiento.

Ningún ser humano tiene capacidad de controlar lo que siente el corazón. La llave está en perdonar en la mente, en el intelecto, en el entendimiento, sobre el que tenemos el cien por ciento de dominio. Yo pienso: "Jesús me dijo que perdone porque sin perdón no llegaré nunca a Él. Deseo Jesús en mi vida, deseo perdonar, así que tomo una actitud objetiva".

En mis consultas en la Iglesia, suelo aconsejar a mucha gente a actuar de esa manera únicamente por inspiración del Espíritu Santo. Sugiero una oración sencilla y directa a quien no es capaz se liberarse del rencor. Una lección práctica: yo perdono a esta o a aquella persona, en nombre de Jesús. Deseo que el Señor la bendiga ahora.

Aunque el corazón siente algo completamente distinto, que la persona herida pida en favor de quien la hirió puede cambiarlo todo. Aunque sea una rabia tan grande que le impide simplemente nombrar a quien la hirió. Dios ve el esfuerzo, la intención de conceder el perdón, y es cuestión de tiempo hasta que remueve el corrupto corazón resentido.

Sin perdón no hay salvación. Y sin perdonar, yo seguía buscando a Dios en la Iglesia. El temor al infierno no me abandonaba.

Simplemente convencido

M i rutina era afanosa en aquel entonces. Yo solía comer en casa, en el barrio de la Gloria; en seguida, me marchaba al trabajo en la lotería estadual, en la plaza Sete de Setembro, justo en el centro de Río, y por las noches, me dedicaba al cursillo para ingresar a la universidad.

Como no había transporte directo, yo caminaba, solo, a diario, de cuarenta minutos a una hora hacia el trabajo.

Era un trayecto de reflexiones. Pensaba en mi vida, en mi futuro, en mis aspiraciones. Proyectaba mis sueños a cada paso que daba en aquella sencilla y habitual caminata. ¿Qué joven de dieciocho años no tiene metas a alcanzar, disyuntivas, indecisiones? Yo todavía no sabía que profesión seguiría. ¿Matemáticas? ¿Ingeniería? ¿Economía? ¿En qué otras áreas de las ciencias exactas podría invertir mi conocimiento?

Casi siempre meditaba sobre mi carrera, la actividad que elegiría para ejercer en el futuro. Pero, un día, andando por la zona de Cinelândia, surgió un pensamiento distinto en medio al torbellino de proyecciones profesionales y objetivos financieros a trazar. Oí en mi consciencia una voz audible, bastante fuerte, como nunca antes. Una idea fija en forma de pregunta. Un cuestionamiento abstraído de las enseñanzas sagradas: "Pues, ¿qué provecho obtendrá un hombre si gana el mundo entero, pero pierde su alma? O ¿qué dará un hombre a cambio de su alma?" (Mateo 16.26).

Mi temor a morir e irme al infierno fue en aumento después de ese día. No dormí nunca más tranquilo. En los cultos, yo levantaba la mano repetidas veces para aceptar a Jesús porque sentía pavor con sólo pensar en la posibilidad de perder la salvación. No por amor y redención, sino porque deseaba usarlo sólo como un salvador. Jesús todavía no era mi Señor.

En esa busca, yo me hice bautizar tres veces en las aguas. La inmersión en el bautisterio es un ritual cristiano que simboliza la sepultación del carácter humano pecaminoso. Se trata de una actitud consciente para matar totalmente a la vieja naturaleza terrena. Jesús le explicó el valor del bautismo y del nuevo nacimiento a un fariseo, importante en esa época, llamado Nicodemo: "En verdad te digo que el que no nace de agua y del Espíritu no puede entrar en el reino de Dios" (Juan 3.5).

Mis primero y segundo bautismos no valieron de nada, ya que yo mantenía el mismo tipo de vida. Mientras tenía dudas, yo me hacía bautizar. El bautismo válido es uno sólo. Por mi salvación, sin embargo, yo estaba dispuesto a hacerme bautizar mil veces, un millón de veces si era necesario.

Jesús fue bautizado por Juan Bautista en las aguas del rio Jordán. No lo necesitaba, pero nos dejó el ejemplo a seguir.

Yo no comprendía que la única forma de que el bautismo tuviera resultado eficaz sería pasando a vivir según los valores de la Palabra de Dios. Necesitaba cambiar por completo, ser distinto, convertirme en otro ser, nacer otra vez otra criatura. Debía vivir una nueva vida. Debía arrepentirme de mis pecados y abandonarlos de una vez. ¿Cómo podría bautizarme en las aguas sin haberme arrepentido de mis transgresiones?

El tercer bautismo en las aguas, unos años más tarde, fue el definitivo. Aunque, en aquella fase de busca a mi Señor, yo siempre entraba en el bautisterio un pecador seco y salía un pecador mojado. Nada más que eso. No había cambio en mi interior. Mis actitudes no plasmaban lo que yo mostraba creer dentro de la Iglesia.

Yo alimentaba muchas incertidumbres. Vivía un conflicto interior porque insistía en mantener una conducta incompatible con la Biblia. Mis noviazgos eran ardientes, enardecidos, llenos de lascivia. Mis relaciones amorosas terminaban siempre con algo más. Lo que relato no lo hago con orgullo, porque eso me impidió conocer a Dios más temprano. Yo no llevaba una vida de costumbres y hábitos disolutos, no, como se ve hoy en numerosos y admirables testimonios de transformación en la Iglesia Universal; pero mis errores iban en aumento. Y me distanciaban de Dios.

Seguía utilizando las reuniones de Nueva Vida para intentar evitar el infierno. Los miércoles o los domingos, me dolía la consciencia, yo me acusaba de mis pecados, y en seguida aceptaba a Jesús otra vez. Pecaba fuera de la Iglesia, y ante el pastor, mi oración se repetía: "Jesús, ten misericordia de mí, perdóname".

Yo me convertía en rehén de ese "tira y afloja". Sentía remordimientos y no me arrepentía. Arrepentimiento no significa remordimiento. Remordimiento es sólo un sentimiento de tristeza momentánea por una falta que uno ha cometido. Cuando hay remordimiento, no hay actitud de abandonar el pecado, por lo que no hay perdón. El arrepentimiento es exactamente lo opuesto. Implica actitud, acción y práctica de la fe. El arrepentido abandona el pecado y fin.

En teoría, yo parecía firme. Pero, en la práctica, era el mismo. No se había operado ninguna transformación en mi carácter y en mi manera de pensar y actuar. Yo no me había convertido, estaba convencido.

Y resulta que ese es uno de los principales males actuales de las Iglesias evangélicas en todo el mundo, incluida la Iglesia Universal: un contingente de creyentes caídos y fracasados en su fe dentro de las congregaciones, comunidades y asambleas, muchos de ellos, desafortunadamente, pastores, reverendos, apóstoles, obispos y obispas y otros tantos con más títulos y puestos distintos.

Creyentes que dicen creer en Jesús, en la Biblia, y aseguran categóricamente que son poseídos por el Espíritu Santo, aunque son poseídos por otras clases de espíritus. El alarma lo dio el propio Señor Jesús en el sermón del Monte de las Bienaventuranzas: "Muchos me dirán en aquel día: Señor, Señor, ¿no profetizamos en tu nombre, y en tu nombre echamos fuera demonios, y en tu nombre hicimos muchos milagros? Y entonces les declararé: Jamás os conocí; apartaos de mi, los que practicáis la iniquidad" (Mateo 7.22).

Eso es cosa seria. Es la principal señal de emergencia para las Iglesias evangélicas de hoy. El actual estado espiritual de la Iglesia es lamentable. Millones y millones de creyentes que nunca se han casado con Jesús. Gente que lo aceptó muchas veces, incluso hizo carrera dentro de una institución religiosa, pero jamás se entregó en verdad.

Son como amantes en una relación amorosa. Se juntan por las noches, de vez en cuando se entregan al placer de unas horas, pero no asumen un compromiso. Desean ser libres para disfrutar las aspiraciones de la carne. Profesan creer y creen que es lo suficiente. Cuando afrontan una lucha o una adversidad, corren a la Iglesia. Y si no encuentran la salida para sus problemas, corren para otra clase de templo. Y así, viven como los pájaros al posar en uno y otro árbol en busca de resultados.

Muchos de esos evangélicos se han convencido de que se han salvado por haber aceptado Jesús, pero no. Hay que entregarse, darse, rendirse o sacrificar su vida en nombre de la fe genuina. Abdicar de su propia vida por el Señor Jesús significa mudanza irrestricta de lado, conversión de rumbo. Cambio.

¡ME HAN ENGAÑADO!

Con el paso de los días en Nueva Vida, algo empezó a cambiar en mí. Pasé a sentir rabia de la idolatría que me había engañado por varios años seguidos. Tras uno de mis bautismos en las aguas, decidí destruir mis imágenes y la medalla que llevaba al cuello. Puse todos esos objetos en el piso, fije mis ojos en todo, y señalándolos con mi dedo con desdén, me desahogué.

—¡Desgraciados! ¡Me han engañado, me engañaron! —gritaba pisando con rabia aquellos pedazos de papel y el colgante.

Lo destruí todo, sin lástima. Pese a que todavía no había nacido de Dios, pasé a aborrecer el tiempo que viví engañado por la idolatría. Y me rebelé contra los engaños de la institución romana.

Cierto día, cuando todavía trabajaba como *office-boy* en la lotería, un cura se presentó en el medio de la jornada. Era una autoridad de la Archidiócesis de Río que habitualmente solía pasar por allí para recibir el dinero que en aquel entonces el gobierno destinaba a ciertas sociedades católicas.

—Edir, va a entrar un cura ahí en tu oficina. No quiso hablar conmigo, ni me miró a la cara. Y "el hombre" dijo que no entra nadie sin antes hablar con él —me dijo por teléfono un compañero, curiosamente evangélico desviado de la Asamblea de Dios, que trabajaba en la portería.

Yo me desempeñaba en una sala enorme del tercer piso del edificio. Los directivos estaban en el cuarto piso, donde despachaba "el hombre", el jefe de la sección, el director-secretario, doctor Paulo Vidal Leite Ribeiro, un ex-*pracinha*[3].

El "cura", en verdad, era un monseñor. Subió ligero. Apenas colgué y surgió hosco, extenuado, casi atropellándome. Me puse a su frente y le dije:

—Señor, por favor, permítame que lo anuncie. ¿A quién debo anunciar?

Él también se detuvo y me fijo sus ojos con mala cara. Me midió con una mirada rabiosa. "¿Quién se cree ese pendejo para impedirme el paso?"

—Paulo me espera, muchacho —me contestó.

Y dio un paso a la derecha con intención de pasar por mí. A toda prisa, también llevé mi pie a la derecha y me detuve otra vez frente a él. La mirada del monseñor mostraba más furia. Soltó una respiración nerviosa. Se dio cuenta de que yo no estaba dispuesto a dejarlo subir sin autorización superior.

—Usted siéntese ahí que voy hasta el cuarto piso a anunciarlo —le dije sin temor.

—Él me espera, chico.

[3] *Soldado de la FEB, Fuerza Expedicionaria Brasileña, que luchó en la Segunda Guerra Mundial. (N. de la T.)*

—Pero usted no va a poder entrar sin que antes yo lo anuncie. Tengo órdenes a cumplir.

El monseñor me masacró con los ojos, con nítido furor, pero no se movió de su sitio, no dio un paso adelante. Era evidente que yo estaba dispuesto a todo o nada. Cuando me preparaba para subir a la sala de los directivos, me dio la espalda y abandonó el edificio. Se marchó.

Pasada media hora, la secretaria del doctor Paulo me llamó al piso de arriba. Entré en su oficina con la cabeza baja, pero seguro de lo que había hecho. Él era tartamudo, y rojo de tan airado, apenas podía reprenderme.

—Pa... Pa... Pa... Pa... ¿Para qué hiciste eso? Ju... Ju... Ju... Ju... ¡Justo el enviado del arzo... zo... zo... zo... bispo!

—Yo únicamente cumplí un mandato, doctor Paulo —le contesté.

Creo que sólo no perdí el trabajo porque yo era funcionario público. Yo le corté el paso a la iglesia católica aquél día, y, simbólicamente, tal hecho sería un prenuncio de lo que sería el sino de la Iglesia Universal a lo largo de los años. Millones de personas en todo el planeta fueron liberadas de la ceguera de la idolatría y de la esclavitud religiosa gracias al poder del Evangelio predicado —gracias a la instrucción del Espíritu Santo— por mis compañeros de púlpito y por mí.

Pero no fue ese el motivo por el que entregué mi vida al altar. Lo que me motivó a predicar la Palabra de Dios fue la obediencia a un explícito mandamiento de Jesús: "Id por todo el mundo y predicad el evangelio a toda criatura. El que crea y sea bautizado será salvado" (Marcos 16.15-16).

Mi indignación mayor no era contra la idolatría, sino por ver tanta gente sin conocer al Señor Jesucristo. La misma situación que había vivido en aquellos primeros años como frecuentador de Nueva Vida.

Cerca de completar diecinueve años, cada vez más involucrado con el universo de la fe, también tomé otra decisión. Aunque sin tener un encuentro con Dios, era consciente de lo cierto y equivocado en todos los sentidos de la vida. El pastor predicaba de forma clara sobre la importancia del diezmo para la obra de Dios, pero yo nunca le di demasiado valor. Hasta el día que tomé una actitud.

A finales de 1965, principio de diciembre, decidí devolver los diezmos. Deseaba llevar mi fe a serio. Y, entonces, en enero de 1966, cumplí mi primer pago del diezmo. Y nunca más paré. Esa fidelidad me acompaña hasta hoy. Suelo decir en mis reuniones, a la hora de la entrega del diezmo y de las ofrendas, que "es momento de honrar al Señor Dios". Exactamente: un honor. Es así como consideramos la condición del fiel diezmista y ofrendante.

Diezmo no es ofrenda. Diezmos son las primicias, los primeros frutos de la cosecha devueltos al Señor de la tierra. Hoy, en la práctica, son los primeros diez por ciento de toda la renta. Significan la fidelidad del siervo a su Señor. El Creador no necesita nada de la criatura, pero instituyó la ley de los diezmos y de las ofrendas a fin de probar la fidelidad y el amor de sus siervos.

Únicamente quien es siervo considera los mandamientos del Señor y los practica. Los que no lo sirven son claramente considerados por Él como ladrones.

Yo fui, en persona, a comprobar lo que se encontraba escrito en el Texto Sagrado. Mi deber era explícito y transparente. Y también mi derecho: "Desde los días de vuestros padres os habéis apartado de mis estatutos y no los habéis guardado. Volved a mí y yo volveré a vosotros —dice el Señor de los ejércitos. Pero decís: ¿Cómo hemos de volver? ¿Robará el hombre a Dios? Pues vosotros me estáis robando. Pero decís: ¿En qué te hemos robado? En los diezmos y en las ofrendas. Con maldición estáis malditos, porque vosotros, la nación entera, me estáis robando. Traed todo el diezmo al alfolí, para que haya alimento en mi casa; y ponedme ahora a prueba en esto —dice el Señor de los ejércitos— si no os abriré las ventanas del cielo, y derramaré para vosotros bendición hasta que sobreabunde. Por vosotros reprenderé al devorador, para que no os destruya los frutos del suelo; ni vuestra vid en el campo será estéril —dice el Señor de los ejércitos. Y todas las naciones os llamarán bienaventurados, porque seréis una tierra de delicias —dice el Señor de los ejércitos" (Malaquías 3.7-12).

Yo sabía que la condición para volverme al Señor era empezar por la fidelidad a los diezmos. Esta fue la condición de Dios impuesta a su pueblo en el pasado. En mi caso, no podría ser de otra forma.

Para que Él se volviera favorable a mí, yo debería obedecer a Su Palabra. Aprendí también que cuando uno "devora" los diezmos pertenecientes al Señor, en verdad maldice su propia vida. Ese es el motivo, por ejemplo, por qué muchas naciones padecen con los más distintos tipos de perjuicios incalculables. Parece utópico creer en maldición provocada por el acto de robarle a Dios los diezmos y las ofrendas, pero las catástrofes alrededor del planeta prueban tal tesis. "Santo era Israel para el Señor, primicias de su cosecha; todos los que comían de ella se hacían culpables; el mal venía sobre ellos —declara el Señor." (Jeremías 2.3).

Poco a poco yo me acercaba al gran encuentro con Dios, el momento más importante de mi vida. Pasé a participar más activamente en el grupo de la juventud de la Iglesia; tenía carnet de miembro fiel; pero quería más.

EL GRAN DÍA

Yo tenía una novia que me gustaba mucho, pero que no aceptó los cambios por los que empecé a pasar. Para ella, la Iglesia era rancia; los compromisos de cristiano, tiempo perdido para jóvenes de nuestra edad. Su ideal de vida era aprovechar los placeres del mundo, ser libre para disfrutar sus sueños de la manera y con la intensidad que imaginaba.

Nuestra relación de dos años se acabó por iniciativa suya. Yo estaba muy enamorado. Vivíamos sin ninguna regla, como si estuviéramos casados, y eso hizo que se cansara de nuestra relación amorosa. Yo también tenía mis indefiniciones. Deseaba que ella me acompañase a la Iglesia, pero eso ocurrió rara vez, sólo unas dos o tres veces.

Yo estaba tan enamorado que llegué al punto de orar a Dios con cierta falta de respeto e infantilidad:

—Dios, si ama a Jesús, tráela de vuelta para mí.

Rogué en vano. Voy a contar en detalle cómo me dejé engañar por las pasiones de mi corazón cuando dejé de tomar actitudes a la luz de la fe inteligente, más adelante, en el próximo libro de esta trilogía de memorias.

Era por esa relación sentimental equivocada que yo no me afirmaba en Dios. Me sentí deprimido, inconsolable, sufrí demasiado, y me aferré aún más a la fe. Impulsado por la decepción y por la amargura del abandono, corrí hacia Jesús. Herido, me encontraba en plenas condiciones de tomar la decisión más indispensable de mi existencia.

Triste, cabizbajo, acudí a otro llamado del pastor en la reunión:

—¿Quién no está seguro de su salvación y desea esa certeza ahora?

Yo otra vez me incorporé con la mano levantada. Pero estaba diferente. Movido por el dolor, no quería saber nada. Hablé con la más profunda sinceridad de mi alma, rasgué mi íntimo de arriba abajo. No soportaba más el temor al infierno, deseaba entregarme el cien por ciento, en la entereza absoluta de mi ser.

No tenía más nada que perder.

—¡Señor, Señor! ¡Dame la certeza de la salvación! — expresé con tanta fuerza que las palabras parecían que me las arrancaban de dentro de mi pecho.

Dos semanas más tarde, participé solo en una nueva reunión. Estaba sin amigos o familiares. El pastor, una vez más, ordenó que me incorporara. Los ojos cerrados. El espíritu redimido.

El himno era una canción en forma de oración.

Oh quão cego andei e perdido vaguei,
longe, longe do meu Salvador.

Mas do céu ele desceu, e seu sangue verteu,
para salvar a um tão pobre pecador.
Foi na cruz, foi na cruz, onde um dia eu vi
meu pecado castigado em Jesus...[4]

Las palabras sonaron fuertes. Vi mis pecados. Aunque me consideraba alguien con una conducta de vida equivocada, pero sin grandes transgresiones, me doblegué. Vi como era un pecador lleno de faltas. Mis deudas eran impagables. Cada palabra era una punzada en mi mente. Una puñalada en mi espíritu.

Yo pensaba que mi vida no era tan equivocada. Yo no era un drogadicto, no robaba, no cometía asesinatos. En el fondo, inmerso en mi pozo de orgullo, no me consideraba un pecador merecedor del infierno. El himno seguía al fondo y me hizo reflexionar sobre mi estado real. Mi verdadera condición de pecador. Algo desesperador, doloroso, horrible.

El Espíritu Santo me convenció de mis numerosos defectos. Un escenario que me convirtió en la más pequeña de las criaturas, el más insignificante de los hombres, un desperdicio de inmundicia tirado a la letrina.

...Foi ali, pela fé, que os olhos abri
e agora me alegro em Sua luz.

---

[4] *Oh tan ciego anduve y perdido vagué, / lejos, lejos de mi Salvador. / Pero del cielo bajó él, y su sangre vertió, / para salvar a un tan pobre pecador. / Fue en la cruz, fue en la cruz, donde un día yo vi / mi pecado castigado en Jesús. (N. de la T.)*

Eu ouvia falar dessa graça sem par,
que do céu trouxe nosso Jesus.
Mas eu surdo me fiz, converter-me não quis
ao Senhor, que por mim morreu na cruz...[5]

Era mi vida. Cerré mis oídos y negué en mi mente las verdades del Evangelio. Yo, únicamente yo, resistí por mis propias ganas. Yo era el culpable, nadie más. Dentro de la Iglesia aceptaba a Jesús, pero, al pisar la calle, no asumía mi fe.

De esta vez, la canción se mezcló a mi oración. Clamé perdón a Dios con honestidad:

—Dios mío, deseo modificarme. No quiero más ser como soy. ¡Ayúdame!

...Mas um dia senti meu pecado
e vi sobre mim a espada da lei.
Apressado fugi, em Jesus me escondi,
e abrigo seguro Nele achei...[6]

En este exacto momento, las lágrimas deslizaron por mis mejillas.

Corrí hacia Dios porque sufría. Gimoteaba de dolor, herido, suplicando alivio. Vi mi pecado y huí. Me vine

---

[5] *Fue allí, por la fe, que los ojos abrí / y ahora me alegro en Su luz. / Yo oía hablar de esa gracia sin par, / que del cielo trajo nuestro Jesús. / Pero yo sordo me hice, convertirme no quise / al Señor, que por mí murió en la cruz. (N. de la T.)*

[6] *Pero un día sentí mi pecado / y vi sobre mí la espada de la ley. / A toda prisa huí, en Jesús me escondí, / y abrigo seguro en Él encontré. (N. de la T.)*

a tierra. ¿Quién me podría salvar? El Espíritu Santo me convenció de mis pecados. Yo me vi perdido en un infierno sin fin. Grité por socorro. ¿Quién me puede salvar? Y el mismo espíritu, el Espíritu de Dios, me indicó el Único capaz de alcanzarme:

El Señor Jesucristo.

Entonces, corrí hacia Jesús. Por la fe, me lancé de cuerpo, alma y espíritu en sus manos. Inmediatamente, sentí como todo mi ser se inundaba de una paz indescriptible seguida de una alegría igualmente imposible de explicar. No soy capaz de olvidar aquellos momentos ni tampoco de narrar precisamente como se dieron.

Mientras cantaba y oraba, sentía mi cuerpo mojado; transpiraba sin cesar.

...Quão ditoso, então, este meu coração,
conhecendo o excelso amor.
Que levou meu Jesus a sofrer lá na cruz,
pra salvar a um tão pobre pecador...[7]

La melodía seguía entonando el sonido que necesitaba oír. Fue en la cruz que vi mis errores. El sacrificio del Calvario hizo que me concientizara de mi completa insignificancia.

En aquel momento, amé a Jesús. El más grande de los tesoros. El bien más precioso. La riqueza inigualable.

---

[7] *...Cuan dichoso, entonces, este mi corazón, / conociendo el excelso amor. / Que llevó mi Jesús a padecer allí en la cruz, / para salvar a un tan pobre pecador. (N. de la. T.)*

El Espíritu Santo me reveló al Señor Jesús. Encontré mi Dios.

...Foi na cruz, foi na cruz,
onde um dia eu vi meu pecado castigado em Jesus...[8]

---

[8] *Fue en la cruz, fue en la cruz, / donde un día yo vi mi pecado castigado en Jesús. (N. de la T.)*

Yo tenía demonios

Abandoné la reunión pisando nubes. Es indescriptible la sensación. Paz, seguridad, confianza, regocijo. Aunque el calendario corra doscientos años, no soy capaz de olvidar cada detalle de aquella satisfacción única. Algo estupendo me pasó. Como si una luz se encendiera en mi interior alumbrando la totalidad de mi cuerpo. Yo no andaba más en las tinieblas. Dios me había liberado.

Mis ojos y mis oídos se abrieron y ahora podía contemplar a Dios, oír y entender Su Palabra. Tenía ganas de reírme y llorar a la vez. Mi alma se notaba liviana, sin el peso de la perdición. Tuve la sensación de los griegos que acudieron a Jerusalén en la fiesta de Pascua para conocer lo que todavía no conocían, pese a que eran los dueños de la filosofía y del conocimiento más avanzados de la época. "Ha llegado la hora para que el Hijo del Hombre sea glorificado" (Juan 12.23), aseguró Jesús con éxito.

Los griegos querían conocer al Hijo de Dios en el medio de una de las más tradicionales ceremonias judías, lo que provocó que se cambiara de lugar la fiesta, de Jerusalén al Reino de los Cielos. "Os digo que de la misma manera, habrá más gozo en el cielo por un pecador que se arrepiente que por noventa y nueve justos que no necesitan arrepentimiento" (Lucas 15.7).

Esa misma fiesta se celebró en ese día de mi nuevo nacimiento. Dios convirtió mi llanto de agonía en felicidad. Ya no echaba de menos a mi ex-novia. Lo que sentía por ella había disminuido de intensidad y fue sustituido por otro sentimiento más impactante y beneficioso para mí. "Aleluya, ahora sí puedo hablar de algo que conocí. Sé lo que digo, probé esa maravilla", pensaba sonriendo a solas.

Fue una actitud personal, mi momento particular con Dios. El cambio se dio de adentro hacia afuera. Nací una nueva criatura. Me convertí en propiedad exclusiva de Dios. De ahí en adelante, en todos los cultos yo no levantaba más las manos para aceptar a Jesús. Aprovechaba los momentos de oración para entregarme aún más. Buscaba a mi Señor Dios con una voluntad férrea. Lágrimas de pureza, alabanza y obediencia y atención a la voluntad divina pasaron a formar parte de mi rutina en las reuniones.

Apenas salía del culto y ya contaba los minutos para regresar a la Iglesia motivado por un deseo latente de comprender y profundizar los pensamientos de Dios. Tenía la cara iluminada. Los hijos de Israel vieron como el rostro de Moisés resplandecía al bajar el Monte Sinaí con las tablas de los mandamientos.

El liberador de Israel vio a Dios. Nadie permanece igual después de verlo cara a cara.

Al abandonar el culto en la ABI, yo sentía el ímpetu de abrazar a todos, tal era el placer incontrolable que pasó a envolverme. Deseaba abrazar a quienes viera por delante. Los miembros a la salida de la Iglesia, los transeúntes en la calle, los pordioseros abandonados en las calles. "¡Gracias, Señor mío! ¡Yo Te encontré! ¡Gracias, gracias!", agradecía en mi mente mientras volvía a casa. Sólo demostraba gratitud por haber vivido la experiencia más extraordinaria de esta vida. Asimilé con claridad que no encontraría bien mayor por el resto de mis días.

Al otro día de ese culto inolvidable encontré un pordiosero camino a la lotería, en una de las calles vecinas de la plaza Sete de Setembro. Apoyado contra la pared, tumbado en la acera, temblaba de frío mientras muchos transeúntes pasaban a su lado como si fuese un ente invisible. Yo me detuve, miré la escena y en seguida sentí un ansia incontrolable de ayudar a ese hombre.

—Tome mi abrigo, señor.

Él me observó, cogió la prenda y no dijo nada.

Seguí mi camino. Empecé a amar a las personas. Un amor que no era mío.

Yo, de hecho, me hice luz. Los demonios que habitaban mi cuerpo fueron arrancados. Nunca manifesté espíritus malignos, pero yo era una persona endemoniada. Exacto: fuerzas espirituales del mal controlaban mi ser y mi manera de pensar. Estuve involucrado con otras creencias. Viví de espaldas a las enseñanzas de Dios.

Era poseído por demonios. Nunca había manifestado esas entidades en la Iglesia, pero vivía bajo su dominio. Sufría como marioneta en las fauces del infierno de idéntica manera como tanta gente que se consulta, a diario, en las corrientes de liberación de la Iglesia Universal. Gente que se ve libre de la actuación de tales espíritus sólo después de la manifestación y expulsión de los demonios que la maltrataban con violencia. A mí me liberó la Palabra. Hice caso a la dirección del Espíritu Santo y lo que dictaminó Jesús se ejecutó en mí: "Vosotros ya estáis limpios por la palabra que os he hablado" (Juan 15.3). La promesa se cumplió conmigo.

El encuentro con Dios provocó una transformación completa en mi carácter. Ya no era más nervioso, no tenía mal genio, ni me resentía con cualquier palabra o conducta ofensiva. Aprendí a dar la otra mejilla. Perdoné a mi hermana, pasamos a vivir como hermanos de veras. Ya no nutría más rencor alguno por ella, fui capaz de perdonarla con sinceridad. La personalidad egoísta, individualista, rencorosa, temperamental, acabó sepultada.

Poco a poco, fui abandonando las amistades del mundo. Renuncié a amigos que no contribuían para nada con mi avance espiritual, al contrario, la mayoría de las veces me apartaban de los principios cristianos o intentaban llevarme otra vez a la práctica de los viejos hábitos y costumbres. Fui forzado a aislarme, a escapar del pecado. Tenía consciencia de que era una presa constante en la mirada del mal. Debía estar de ojos bien abiertos.

Cambié radicalmente el control de mi vida sentimental. Por fin desapareció el dolor por la pérdida de mi ex-novia, sustituido por el pensamiento fijo de que algo más grande y mejor se reservaba a mí. Mi futuro sería prometedor si permaneciese persistente en los pasos de Jesús.

Llegué a mantener otras relaciones en aquel entonces, aunque no me sentía más seguro con cualquier otra chica. Proyectaba una vida de casado, padre de familia, feliz al lado de una mujer de Dios a quien amara de veras. Pero los ejemplos y las historias que me rodeaban despertaban temor. Ninguno de mis hermanos vivía un matrimonio feliz. Presencié muchas peleas entre las parejas de nuestra familia. Temeroso, oraba a Dios pidiendo que me protegiera de una unión conyugal fracasada e infeliz.

Ni en mi propia casa me comprendían. Al verme soltero, buscando a Dios y cada vez más involucrado con la fe, me decía mi mamá:

—Edir, cariño, tienes que buscarte una novia. Debes casarte.

Yo le agradecía el cuidado, el cariño y el amor, pero tenía un blanco definido. No quería desagradar a mi Dios, a pesar de mis imperfecciones y limitaciones. Olvidé las malas compañías. Dejé de ir a los bailes, a las fiestas con diversión destemplada para solteros, lugares en que pasaba las noches bailando sin que me importara el cansancio. Busqué evitar todo lo que pudiera ser aunque una mínima indicación de que podría entristecer a Dios.

Soltero, solo, padecí demasiado las noches de sábado, tradicional día de la semana en que las parejas salen de paseo a disfrutar y los solitarios a cazar compañía. En aquellos tiempos no existían cultos los sábados por las noches. La Iglesia funcionaba sólo los miércoles y domingos. Hoy, la Iglesia Universal abre sus puertas todos los días de la semana y dedica los jueves a los que, como yo en aquella época, buscan una solución para las ansias en lo afectivo. Considero la Terapia del Amor una de las corrientes más importantes de nuestro trabajo espiritual. Viene ayudando a millones de parejas y solteros, al rededor del mundo, a encontrar otra vez, bajo la óptica de los preceptos cristianos, la felicidad en la vida en pareja.

Aquellas noches de sábado, en los años siguientes a mi conversión, solía encerrarme solo en mi habitación y hablar con Dios. Jesús me lo había enseñado de manera didáctica: "Pero tú, cuando ores, entra en tu aposento, y cuando hayas cerrado la puerta, ora a tu Padre que está en secreto, y tu Padre, que ve en lo secreto, te recompensará" (Mateo 6.6).

Allí, en la soledad de mi habitación, yo meditaba sobre los textos sagrados y oraba por horas seguidas. Llegué a leer la Biblia entera, de una punta a otra. Reflexionaba sobre cuatro o cinco capítulos por día, como mínimo. Me entregaba a Dios en oración, en instantes de incondicional intimidad. Cuando había alguien en la casa, yo oraba bajito. Cuando estaba solo, levantaba la voz. Clamaba y buscaba con placer inexplicable en el alma, que me llevaba muchas veces a cantar y bailar en presencia de Dios.

¡Qué momentos espléndidos!

Esas situaciones sencillas me han fortalecido y proporcionado experiencias inéditas en mi trayectoria de fe. Cierto día, pensando en la majestad de los hechos bíblicos, me saltó a la mente un fragmento de la increíble hazaña de David. "¿Quién es este filisteo incircunciso para desafiar a los escuadrones del Dios viviente?" (1 Samuel 17.26).

Aunque joven, sin siquiera imaginar tantas señales y prodigios que Dios operaría en mi vida en el futuro, la pregunta de David me impactó. Causó una explosión de certeza y satisfacción en mi ser. Di un salto en mi habitación. Viví una pequeña experiencia de los momentos en los que, en los años siguientes, afrontaríamos y derrumbaríamos tantos Goliats, y de los que, desde luego, todavía vamos a derribar.

Mi cambio de conducta también generó situaciones bochornosas. En mi trabajo en la lotería, al contar que me había afirmado en Dios, rutinariamente era objeto de burlas y provocaciones. Mis compañeros de departamento, por ejemplo, me incitaban a ver fotografías de revistas masculinas. Cierto día, una compañera abrió de par en par en mi mesa el póster de una mujer desnuda.

—Mira, si eres hombre de verdad —decía en medio a las carcajadas generales.

Pasada la situación, yo me encerraba en el baño a orar.

¡Cuánto lloré en el baño de la lotería! Mis compañeros de trabajo me miraban con prejuicio y desdén. Me vi obligado a abandonar todas esas amistades. Buscaba quedarme solo. Nadie tenía nada que ofrecerme. Eso fue importante para no influir en la toma de decisiones que contrariasen el rumbo que había decidido seguir. Aquellos que se deciden a seguir a Jesús, pero siguen involucrados con amistades contrarias a la fe, difícilmente resisten. Sucumben a la primera tentación. Y yo no podía sucumbir.

A PUNTA DE CUCHILLO

Otra característica memorable y natural del principio de mi jornada fue mi inmadurez espiritual. Movido por la creencia de los neófitos, como se llaman los principiantes en el Evangelio, cometí actos vergonzosos y deslices comunes que el tiempo me enseñó a superar. El tiempo, por cierto, como para todo en la vida, es un aliado imprescindible al perfeccionamiento de nuestra relación con Dios.

Curioso entender que ni siquiera el Espíritu Santo es capaz de hacernos madurar sin someternos al tiempo. Hay que vivir los problemas para aprender a superar ciertas situaciones. Las tribulaciones forman parte de la enseñanza del Espíritu de Dios. Y cuando somos llevados a momentos que nos acorralan en un laberinto de dudas y recelos, la fe en la promesa del Señor Jesús nos anima: "...y he aquí, yo estoy con vosotros todos los días, hasta el fin del mundo" (Mateo 28.20). Y entonces, de las debilidades extraemos fortaleza.

Antes de hablar más sobre ese tema, voy a contar lo que me pasó en aquel período de recién estrenada conversión.

Rasgo peculiar en cualquier cristiano nuevo en la fe, pasé a hablar de Jesús a todo instante, en cualquier oportunidad y a cualquiera, de manera indistinta. En la lotería, en al autobús, en la calle, en el cursillo. No tenía el control ni la sabiduría del equilibrio.

Me había convertido en un pesado. Un pesado con mayúsculas. Me convertí en una especie de "niño tonto" en la fe, y eso dificultaba que los demás notaran mi transformación, sólo mi presunto fanatismo.

Todos los días yo evangelizaba a uno de mis compañeros de cursillo que acudía a las clases conmigo. Ni siquiera estudiaba con atención, tal era mi ansiedad de ganar un amigo más para Jesús. Le hablé tantas y repetidas veces que él apenas me podía ver. Pasado un tiempo, cuando me veía, desviaba sus pasos para no cruzar mi camino. Cierto día, me interrumpió antes que empezara a hablar.

—Oye, Edir, cada cual tiene su religión. Sigue la tuya que yo sigo la mía —me reprendió—. Yo estoy aquí para estudiar, necesito concentrarme. Con permiso...

Callado, algo avergonzado, me encogí en mi silla y permanecí en el aula. Pero mi decepción era tan grande que no podía más concentrarme en la clase.

Cuando me convertí, pensaba que todos estaban abiertos y totalmente receptivos a recibir el mensaje de salvación. Pensaba que el mundo deseaba oír mi experiencia inusual. ¡Cómo era infantil en la fe! No sabía que el repudio de la gente al Evangelio se debía a un bloqueo espiritual en sus

El defecto de nacimiento de mi hija Viviane nos causó demasiado sufrimiento. Ella tuvo que hacer varias cirugías en el rostro y someterse a tratamientos con fármacos y terapias. Era lo que yo necesitaba para provocar un vuelco en mi vida con el uso de la fe.

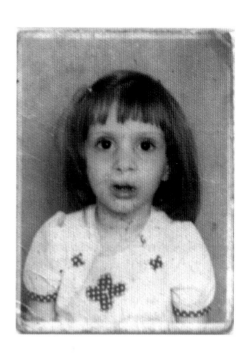

Cristiane
y Viviane
siempre
han sido
hermanas muy
unidas desde
pequeñas.

Aunque en batalla contra varios complejos y traumas, las dos vivieron una infancia harmoniosa. Cristiane creció como protectora de su hermana más joven.

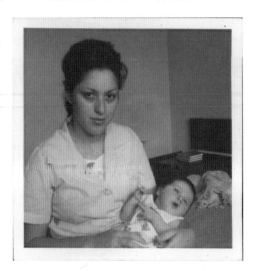

Cristiane recién nacida en los brazos de la madre; y ya un poco más grande, abrazada conmigo. Al lado, sonriente, en la fiesta de su segundo cumpleaños.

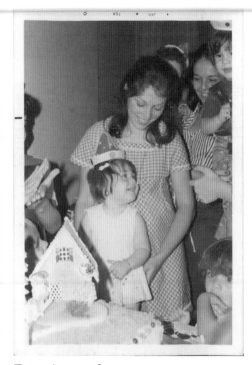

Ester siempre fue muy consejera y firme en la crianza de las niñas.

En la preadolescencia de nuestras hijas adoptamos Moisés, otro hijo querido. Los años que vivimos en el extranjero unieron aún más nuestra familia.

Momento sagrado: una de las comidas en nuestra casa con Ester y Moisés.

Viviane y
Cristiane
adolescentes.

Jóvenes, Cristiane y Viviane se espejaban en la conducta y en el carácter de la madre.

Nuestra familia
en la actualidad,
en los raros
momentos que
logramos conciliar
nuestras agendas.
Mis hijas y yo
dedicamos nuestra
vida enteramente
a la Obra de Dios.

Culto especial en Río de Janeiro en el que consagré los cincuenta años de matrimonio de mis padres.

Durante la reunión, les pedí a mis hermanos, primos y sobrinos que acudieran al altar para agradecer a Dios por la vida de mis padres.

Doña Geninha con su nieta Cristiane. El amor de la abuela por los niños también ayudó en nuestra lucha contra la enfermedad de Viviane.

Mis seis hermanos
reunidos para
celebrar el
cumpleaños de
nuestra madre
en la ciudad de
Simão Pereira.

Aqui está seu lindo
filho trabalhando na neve!
Quem podia imaginar isso!
Como as coisas mudam, não.
No próximo inverno espero
que esteja conosco para ver a
neve, como é bonita!
beijos,
Ester
New York, feb 1987

Las afectuosas
postales enviadas
por Ester a mi
mamá en febrero
de 1987, cuando
fuimos a vivir
a Nueva York,
Estados Unidos.

Para minha querida
sogra, uma lembrança de
seus filhos que tanto lhe
amam e lhe apreciam.
beijos,
Ester

New York, feb 1987

En abril de 1997, ocho meses antes que mamá muriera, le escribí un agradecimiento por todo lo que hizo por mí y por nuestra familia.

São Paulo, 8/4/97

Mamãe:

Eu louvo e agradeço a
Deus pela senhora. Nunca
esquecerei suas lutas por cada
um de nós.

Que Deus a abençoe
abundantemente!

Contra toda expectativa, doña Geninha siempre supo que yo podría
realizar mi sueño de predicar la Palabra de Dios.

mentes por parte de espíritus inmundos. Por esa razón, reaccionaban de manera negativa a mi testimonio de transformación de vida.

Más tarde, aprendí que no todos se encuentran disponibles para oír sobre el Reino de Dios, y cuando insistimos, corremos el riesgo de dar perlas a los cerdos, como Jesús enseñó: "No deis lo santo a los perros, ni echéis vuestras perlas delante de los cerdos, no sea que las huellen con sus patas, y volviéndose os despedacen" (Mateo 7.6).

Debemos ser siempre discretos y aprovechar las oportunidades que el Espíritu Santo nos concede. Él conoce nuestro profundo deseo de ayudar. Muchas veces, los propios sufridores llegan a nosotros. De este modo, surge el momento idóneo de ser testigo del poder de Dios y hablar de nuestra experiencia personal. De lo contrario, al exponer sin sabiduría, transmitimos el aspecto de un radical religioso, lo que es capaz incluso de apartar más que acercar la gente de Dios. Más que con meras palabras, evangelizamos por medio de nuestra conducta. Suelo repetirlo mucho a los pastores por donde realizo mis viajes misioneras. Nuestra vida necesita mostrar el real vuelco que ejecuta el poder de Dios. El mismo Jesús dijo que "no ha sido enviado sino a las ovejas perdidas de la casa de Israel". Debemos buscar los sufridos, perdidos, enfermos, presos, hambrientos, los afligidos en general. Jesús es únicamente el salvador de quienes se encuentran perdidos.

¿Cómo rescatar a quienes no se creen perdidos?

La negativa de mi compañero de cursillo fue un duro golpe para mí. Pero había sinceridad en mi actitud. En la vuelta a casa, en el trayecto de la avenida Franklin Roosevelt, centro de Río, hacia el barrio de la Gloria, caminando a pie, solo, en la oscuridad del Aterro do Flamengo, lloré. Lloré tanto que llegué a sollozar. Bajito, preguntaba a la vez a mí y a Dios: "¿Hablé de la salvación de su alma y qué oigo a cambio?".

Padre, lo único que quería era ganar esa persona para Jesús.

Sin que yo supiera, en aquel momento Dios oyó mi oración y pudo ver mi sincera intención de ganar almas. Mirando hacia atrás, veo que la Biblia se cumplió: "Los que siembran con lágrimas, segarán con gritos de júbilo. El que con lágrimas anda, llevando la semilla de la siembra, en verdad volverá con gritos de alegría, trayendo sus gavillas" (Salmo 126.5-6).

Con el paso de los años aprendí a desarrollar el equilibrio en el trato de los temas de fe. Comprendí que me debería equilibrar en los más variados aspectos. En toda la Creación, sea del creador o de la criatura, existe el llamado punto de equilibrio. El cuerpo humano, un vehículo, una aeronave: todo funciona en equilibrio. En el mundo de la fe se da exactamente lo mismo.

Muchos convertidos se frustran justamente porque se exceden en la práctica de la justicia de la fe, es decir, en la interpretación de las enseñanzas de la Palabra de Dios, en la manera radical de ver y juzgar las situaciones. Todo lo juzgan a punta de cuchillo, precisamente lo opuesto a la lección del rey Salomón, uno de los hombres más sabios en la historia de la humanidad: "No seas demasiado justo, ni seas sabio en exceso. ¿Por qué has de destruirte?" (Eclesiastés 7.16).

En estos años como responsable de la obra de Dios, ya presencié escenas atípicas ocurridas, digamos, a causa de tal exagero de justicia. Miembros que devuelven el diezmo de sus ganancias contabilizando hasta el último centavo. No discuto la fidelidad en la devolución de la décima parte de sus réditos, como resulta obvio, sino los excesos respecto a la justicia de lo justo.

Para cristianos así, la más inocente broma es motivo de escándalo. Gran parte se olvida, sin embargo, que a pesar de no pertenecer al mundo, aún así vive en este. Lo peor es que muchos abandonan a Jesús por no ser capaces de atender a las demandas excesivas de sí propios. El equilibrio de la fe no significa tolerar al pecado ni exagerar en la santidad.

Por esa razón, con el paso del tiempo entendí que incluso tras mi nuevo nacimiento yo no sería perfecto. Es imposible. Soy humano. Aunque poseo el Espíritu de Dios, aún así sigo siendo como "vasos de barro, para que la extraordinaria grandeza del poder sea de Dios y no de nosotros" (2 Coríntios 4.7).

Ahí reside el engaño. Mucha gente piensa que la comunión con Dios es la garantía de que serán perfectos. Perfecto será nuestro corazón, un nuevo corazón según Dios. Nuestra mente será perfecta al ser moldeada por los pensamientos de Dios. Pero estaremos sujetos a errores, porque somos seres humanos, habitamos este mundo y estamos sujetos a las circunstancias de aquí.

El encuentro con Jesús ha cambiado mi vida, pero, claro está, no me volví perfecto. En estos cuarenta y ocho años como siervo de Dios, fallé bastante. No fui un "santo". Tengo mi cotidianidad, y como cualquiera, afronto problemas y probaciones y, muchas veces, cometo errores. Dios lo permite para que los fallos nos sirvan de lecciones. Yo aprendí mucho en ese tiempo. Comprendí, por ejemplo, que las tribulaciones cimentan la fe. Descubrí que a más luchas, más dificultades, y más firmes nos mantenemos en esa convicción, nos volvemos siempre humildes ante Dios. En las aflicciones, logramos madurez.

Las experiencias me hicieron inmune a escenas que jamás imaginé presenciar dentro de la Iglesia. Nada más me desestructuró, desde que nací de nuevo. Todavía gateando en la fe, en Nueva Vida, acompañé de cerca casos de pastores en adulterio, peleas entre predicadores, accidentes, enfermedades y otras muchas tragedias. Un pastor que me gustaba bastante se murió en un desastre de automóvil. Disidentes del obispo Robert Mcalister fueron capaces de birlar una radio que él había comprado, aprovechándose de que era extranjero. Los más variados problemas políticos en la Iglesia se presentaban ante mí. Y yo siempre callé, nunca me involucré con nada de todo eso, ni siquiera me escandalicé. Lo único que hacía era orar pidiendo a Dios protección para Su obra.

Seguía firme y fiel en el sentido del Evangelio, pero todavía faltaba algo. En los cultos, siempre confería las enseñanzas pastorales con los escritos de la Biblia Sagrada. Dediqué especial vigilancia a lo que enseñaban los siervos de Dios sobre el Espíritu Santo, el Aliento de Dios, la tercera Persona de la Santísima Trinidad. Dios Padre, Dios Hijo y Dios Espíritu Santo. El revestimiento de poder dentro del ser humano.

Las cuestiones se agolpaban en mi cerebro. ¿Qué es esa dádiva y por qué dicen que es tan importante? ¿Cómo funciona ese milagro? ¿Cuál es su significado y cómo podría afectarme en lo íntimo? Yo había encontrado a Dios, ¿pero tendría que luchar otra vez para que me bautizaran en el Espíritu Santo? ¿Cómo Él habitaría mi interior? ¿Estaría yo en disposición de recibir tal don? ¿Quién era yo para que me habitase?

En seguida, me marché para encontrar mi más nuevo tesoro.

En busca de un nuevo milagro

Para encontrar a Dios, descubrí que debía priorizar la fe. Necesité definir lo que quería. La fórmula se repetiría en la busca del Espíritu de Dios. Deseaba alcanzar numerosos objetivos, albergaba muchos sueños, pero necesité decidir qué era más relevante. Pensaba en crecer profesionalmente, ganar dinero, encontrar una esposa, formar una familia, ser feliz, pero tuve que colocar al Espíritu Santo ante todo.

Empecé a orar pidiendo tal dádiva y a reflexionar sobre la Biblia con enfoque en el conocimiento más abarcador del Espíritu Santo. Leía y releía todos los versículos que trataban del bautismo celestial. Subrayaba los pasajes bíblicos, una o dos veces, y meditaba sobre ellos varias veces al día. Pensaba, todo el tiempo posible, en el Espíritu Santo, fuese en la calle, en casa, en el cursillo, en el trabajo, en cualquier lugar. En todo lo que hacía me concentraba en el mismo objetivo: "Deseo al Señor, Espíritu Santo, en cuerpo, alma y espíritu, con todas las fuerzas de mi entendimiento".

Viví esa creencia como si estuviera a las vísperas de mi matrimonio. Utilizo ese ejemplo fácil en mis predicaciones actuales. Digo que debemos ver el recibimiento del Espíritu de Dios como el matrimonio, uno de los momentos más importantes en la vida del hombre y de la mujer. Pocas semanas antes del matrimonio, los novios no piensan en otra cosa. El vestido, el traje, la ropa de los padrinos, la entrega de las invitaciones, la ceremonia, la confirmación de los invitados, el salón de la fiesta, los dulces, la torta, por fin, cada detalle que no se puede pasar por alto. La pareja vive al cien por ciento enfocada en el matrimonio hasta el gran día.

El matrimonio con el Espíritu Santo no es distinto. Para recibirlo, el fiel debe ocupar sus pensamientos en él hasta la consumación del recibimiento. Esa es la principal llave. El Espíritu Santo no baja en la vida del ser humano de cualquier forma. Viene cuando hay entrega total, empeño en la busca y clara demostración de que existe disposición de pagar el precio de recibirlo. Es lo que pasa cuando la fe se acompaña de actitudes.

Uno de los pasajes de la Biblia que más me impactó fue la fuerte advertencia del apóstol Pablo a los cristianos romanos. Medité con temor y temblor varias semanas: "...Pero si alguno no tiene el Espíritu de Cristo, el tal no es de Él" (Romanos 8.9). Por lo tanto, si quisiera pertenecer al Señor Jesús, yo debería poseer Su Espíritu.

Yo intentaba construir una nueva mente, aunque no era fácil.

Seguí algunos pasos fundamentales para recibir al Espíritu Santo. El primero de ellos fue tener consciencia de que nadie es bautizado porque lo merece. Yo no merecía y jamás podría pensar que tenía méritos. Debería luchar por ese bautismo con todo mi corazón por medio de mi fe en el Señor Jesús. Él me lo había prometido, entonces, incluso sin merecer, yo tenía el derecho de recibirlo por la fe en su promesa.

El segundo paso, según ya había empezado a actuar, era querer. No podrían ser unas sencillas ganas, sino un deseo semejante al pedido de perdón de los pecados. Un querer ardiente, por arriba de cualquier otro sueño o deseo de mi corazón. Más que vivir, casar, obtener bienes, en fin, más que todo lo que este mundo pueda ofrecer.

El tercer paso fue dirigir y controlar mi pensamiento. Mi deseo necesitaba que lo siguiera el pensamiento continuo en el Espíritu Santo. Para ello, necesité aislarme de todo que era dañoso a mi buena consciencia. Buscaba evitar las malas compañías, las distracciones de todos los días y hasta las actividades en apariencia banales, pero que interrumpían mi relación con el Espíritu.

No fue tarea fácil domeñar mi mente. Sufría continuos ataques del mal con el soplo de pensamientos sucios e impuros. Pensamientos satánicos relacionando Dios y sexo, por ejemplo. Al principio, por pura inexperiencia, eso me turbó demasiado. Llegué a pensar que estaba pecando contra el Espíritu Santo y que por ese motivo no lo recibiría.

Busqué a mi pastor y le comenté el tema sin entrar en detalle. Él oró por mí y me quedé libre de aquellos pensamientos. Pasado un tiempo, las mismas ideas impuras volvieron a invadir mi mente. Yo solo, esta vez, aprendí a reaccionar.

Decidí hablar directamente con el diablo.

—Presta atención, Satanás! Desde este momento, toda vez que traigas esa basura a mi mente, voy a adorar y glorificar a mi Señor —pasé el mensaje con determinación.

Actué de tal forma porque recordé que el diablo siente odio al ver al ser humano adorar a Dios. A cada intento, inmediatamente yo reaccionaba con alabanzas a mi Señor. Alababa a Jesús y ya no pensaba más en cosas malas. Resistía el mal y este se me escapaba.

Desde ese día quedé libre de esos tormentos. Y repito siempre la misma estrategia cuando mi mente vuelve a ser atacada por inmundicias. No me desalenté con la investida contra mis pensamientos. Tampoco admití pensar que había pecado contra Dios. Sufrir la tentación no es pecado. Pecado es caer en tentación.

Era la señal de que yo estaba en el camino correcto para recibir el Espíritu Santo.

El milagro ocurrió dos años después de mi encuentro con Dios. Yo estaba a punto de completar veintiún años. El primer síntoma fue una reacción inesperada en una vigilia de oración en una campaña especial de siete días para recibir el Espíritu Santo. Tal cosa era rara porque Nueva Vida funcionaba en el edificio de la ABI únicamente unos días de la semana. Las reuniones eran limitadas, y eso impedía entregarme aún más.

Ese día hablé en lenguas extrañas, según la Biblia, una de las señales del recibimiento del Espíritu de Dios. Para ser más preciso, pronuncié una única palabra y sentí suspicacia. Pensé si no estaba simplemente emulando al pastor que decía frases incomprensibles durante la busca en el altar. Dejé de repetir el mismo ademán por un rato. No me veía ansioso ni preocupado con recibir al Espíritu Santo. Tampoco sabía a ciencia cierta la dimensión de la inestimable importancia del bautismo, como tanto enseñamos en nuestras predicaciones actuales.

Pasados unos meses, un domingo por la mañana, el difunto pastor Otavio Peterson tomó una iniciativa novedosa durante el culto. Solicitó a cada uno de los presentes allí que impusieran sus manos sobre la persona sentada a su frente.

—Ahora, cada uno ore por el otro. Pida a Dios que nos visite con Su Santo Espíritu —orientó el pastor por el micrófono.

Yo me encontraba en la última fila de sillas, y, por lo tanto, no había nadie que pudiera imponer las manos en mi cabeza. Obedecí a la orientación. Cuando empecé a orar por la persona de enfrente, inmediatamente mis palabras sonaron raras. Desde entonces, pasé a hablar en lenguas extrañas. Resulta interesante que, en el momento, noté una inmensa certeza de que el Espíritu Santo era conmigo. No hubo riso, llanto o desequilibrio emocional. Sólo certeza. No caí al piso, no rodé, no sentí temblores ni pataleé. Fue un momento de consciencia absoluta, yo sabía exactamente qué pasaba en aquellos instantes.

Desde ese momento, una perfecta paz me domeñó no sólo en la Iglesia, sino en la convivencia con mis familiares, amigos, en mi rutina diaria. En consecuencia de ese bautismo, nació el fruto del Espíritu de Dios. Nueve cualidades descritas, una por una, por el apóstol Pablo: "Mas el fruto del Espíritu es amor, goce, paz, paciencia, benignidad, bondad, fidelidad, mansedumbre, dominio propio" (Gálatas 5.22-23). "El fruto es" y no "los frutos son"; no fue un desliz gramatical, sino una enseñanza para la vida: el fruto es un compuesto de nueve partes igualmente imprescindibles al cristiano. Cuando se alcanza tal unidad espiritual, en seguida se tiene osadía, fe y confianza.

Como ocurrió en el cenáculo en Monte Sión, en Jerusalén, el memorable día de Pentecostés, el Espíritu de Dios descendió de forma impetuosa en mi vida. Fui sellado para recibir orientación e inspiración. Él es quien me exhorta, me aconseja, me conforta, me renueva y me anima en las guerras que trabo contra el infierno ayer y hoy.

Él, sí, es el mentor y líder de la Iglesia Universal del Reino de Dios. Sin el Espíritu Santo, nada de lo viene haciendo sería posible. Confieso, la IURD y yo no existiríamos. Yo no sería nada.

Nada.

DOLORES DE UN ENSUEÑO

El trabajo de parto puede llevar horas. El dolor sentido en el momento que un bebé llega al mundo es distinto de una mujer a otra e incluso de una gestación a otra. Pero, en general, lo consideran los médicos como uno de los más terribles que puede sentir el cuerpo humano.

La sensación es de peso en la panza y la espalda. Los dolores de las contracciones empiezan livianos y van en aumento en forma gradual. Se pone dura la panza, parece una pared. Al principio, el dolor es menor, pero ya incomoda. Algunas mujeres caminan o se sumergen en el agua para intentar aliviar la presión. No sirve de nada. La presión en la espalda es grande debido al movimiento del bebé. Cuando se incrementan las contracciones, la sensación es como que internamente todo se revienta. Sólo es posible sentir alivio unos minutos, porque en seguida llega la próxima contracción.

El lapso entre una y otra contracción disminuye según se acerca la llegada del bebé. Pasa de minuto a minuto, en medio al incremento de la intensidad de los dolores. Al momento de empujar al niño con el cuerpo, viene el ápice del dolor. Muchas mujeres nunca hicieron tanta fuerza en su vida. En esa hora, la gestante llega a contorcerse, aferrarse a la cama o a los brazos de alguien, gritar o apretar una toalla con los dientes. Un dolor sin comparación con otros dolores. Para algunos, el más intenso que existe.

Aunque soy un varón, noto la magnitud de tal dolor. El mismo sobre que el apóstol Pablo escribió a los cristianos de Gálatas: "Hijos míos, por quienes de nuevo sufro dolores de parto hasta que Cristo sea formado en vosotros" (4.19).

Esos dolores luego han surgido en el principio de mi trayecto en la fe. Yo había nacido de nuevo, encontrado a Dios y recibido el bautismo en el Espíritu Santo, pero faltaba algo más. Un fuego, una erupción inflamada empezó a arder de manera incontrolada en mi interior, a punto de ponerme en situaciones incomprensibles para quienes nunca han sentido los "dolores del parto".

Mis proyecciones hacia el futuro habían naufragado según mi propia voluntad. No me motivaba trazar planes de carrera y crecimiento económico porque todo ello no me completaba más.

El reciente ingreso en el curso de matemáticas en la Universidad Santa Úrsula no me entusiasmaba como antes. Estuve solamente un año y medio y solicité transferencia a la Universidad Federal Fluminense, donde tampoco concluí el curso.

Los años de estudio incompletos en la Escuela Nacional de Ciencias Estadísticas, después de casado, en 1975, fueron importantes para mi base intelectual, pero no me atendían en lo que yo más deseaba.

La misma falta de entusiasmo con los estudios se extendió al trabajo. Claro que me mantenía un funcionario competente, responsable de mis atribuciones, pero no me importaban los resultados de mi esfuerzo. Ya era jefe de la tesorería de la lotería de Río y cumplía una jornada de sólo cuatro horas diarias. En ese tiempo, también trabajé en el Instituto Brasileño de Geografía y Estadística, IBGE, con funciones en la organización del Censo de 1970.

Pero nada me llenaba el vacío. Mi ensueño era predicar el Evangelio.

Mi juventud se acabó marcada por esa definición: el cambio de planes tras mi experiencia con Dios. Comprendía que no todos son elegidos para predicar el Evangelio en el altar, pero yo deseaba ayudar, contribuir con cualquier cosa. Quería hacer mi parte en el establecimiento del Reino de Dios en esta Tierra.

Como todos los nacidos de nuevo, yo era consciente de que había sido salvado para salvar. Por medio de ofrendas, de la evangelización en favelas, en los presidios, hospitales, en fin, de ayuda con actividades espirituales en los lugares donde habitan los afligidos. Pero la Iglesia Nueva Vida no me consideraba apto para el servicio de la obra de Dios, situación que vamos a entender mejor unas páginas más adelante.

Esas ganas se encontraban clavadas en mi interior. Cuando empecé a salir con Ester, en seguida conocí a su madre. Aunque era un simple miembro de la Iglesia, considerado incapaz por el alto mando de la institución, fui claro de inmediato.

—Mire, voy a predicar el Evangelio en África. Voy a caminar por este mundo para socorrer los sufridores, cualquiera que sea el costo —aseguré, rotundo.

Era una sed insaciable. Participaba en los cultos en la flamante sede de Nueva Vida, construida en un edificio elegante de Botafogo, en Río, con esa indignación latiendo en mis venas. La vieja Iglesia de la ABI se quedaba atrás. La belleza del nuevo templo no me sensibilizaba. Abandonaba los cultos inquieto, agresivo, irreconocible.

La pasión por las almas afectaba mis nervios.

Yo seguía participando activamente en las reuniones, buscando al Señor Jesús con entereza y rectitud, oyendo y aprendiendo sobre la Palabra de Dios, deseando más y más del Espíritu Santo. La irritación, sin embargo, no me permitía sosegar.

—No te entiendo, Edir —comentaba Ester—. Una alabanza tan estupenda, una busca a Dios tan especial y tú enfadado de esa manera.

Era lo que me atormentaba. Los quinientos, seiscientos "elegidos" reunidos para adorar al Señor, disfrutando momentos estupendos ante el altar, y millones de personas desesperadas, ciegas para la fe fuera de la Iglesia. Y yo sin poder ser usado en esa batalla por las vidas perdidas.

Mi indignación fue en aumento a cada día. Cierta vez, también al salir de un culto de alabanza de Nueva Vida, el tráfico pesado en la puerta de la Iglesia me sacó de quicio. Yo recién me había comprado un Volkswagen nuevo con los ahorros de mi sueldo de la lotería. Al sacar el coche del aparcamiento, todo parado en la calle. Un ómnibus trababa el camino delante de mí. De repente, di un volantazo y aceleré para adelantarlo por el reducido espacio entre el vehículo y un árbol en la acera.

Impaciente, inquieto, aceleré poco a poco, pero sin desistir.

—No vas a pasar, Edir —me advirtió Ester.

—Tengo que pasar, ¡voy a pasar! —le contesté.

Ester insistía:

—¡No vas a pasaaaar, Edir!

El semáforo se puso en rojo y mi Volkswagen se quedó exprimido entre el ómnibus y el árbol, justo en la cuneta. Cuando el semáforo se puso en verde, claro, el conductor del ómnibus no me dejó avanzar. Aún así, puse primera marcha y seguí. Inevitable: dejé para atrás los dos guardabarros del Volkswagen —uno en el árbol y otro en el ómnibus. Pero logré pasar, y seguí en frente.

Era así. Dejaba los cultos de la Iglesia trastornado. Cuando recuerdo mi pasado con Ester, aclaramos muchas cosas. Ella recuerda que no comprendía muy bien por qué yo me ponía tan nervioso.

—La reunión era buena, estupenda, pero su ansia por ganar almas era más fuerte —cuenta Ester—. Parecía un león enjaulado contando los segundos para la libertad.

Una noche de miércoles, tuve la visión exacta de ese conflicto continuo en mi interior. El pastor nos invitó a todos a incorporarnos para el momento de adoración.

—Vamos ahora a entrar en el santo lugar y presentar incienso de alabanza a nuestro Dios —dijo al micrófono—.

Vamos. Todos juntos, cierren los ojos.

La Iglesia estaba repleta. Del órgano salía un sonido melodioso que atraía a los fieles al altar.

> *Posso entrar no santo lugar*
> *e contemplar seu rosto a brilhar...*
> *...O incensário moverei*
> *E com louvores adorarei.*
> *Ministrarei ao meu Senhor*
> *ofertas espirituais*[9]

Parecía la congregación de los elegidos en el cielo. Un coro de ángeles redimidos ante el trono del Altísimo. A la vez, sin embargo, una sensación rara se apoderó de mí. Una inmensa tristeza, una agonía sin límites invadió mi interior.

Un sonido ensordecedor llegó de fuera del templo. Gritos desesperados.

—¡Tenga compasión de nosotros! ¡Por el amor de Dios, tenga compasión!

Con los ojos cerrados, pero plenamente consciente de donde estaba y de lo que pensaba, vi la nítida imagen de una muchedumbre de hombres y mujeres afligidos, suplicando ayuda con gritos de socorro, lanzados uno a uno en el infierno.

"¿Qué escena asustadora es esa, Dios mío? ¡Cuánta gente lanzada al tormento eterno a la vez!". Mis pensamientos volaban. "No es justo. Todos en el calor de la Iglesia, ofre-

---

[9] *Puedo entrar en el santo lugar / y contemplar su rostro a brillar / El incensario moveré / Y con alabanzas adoraré. / Ministraré a mi Señor / ofrendas espirituales. (N. de la T.)*

ciendo gracias y aleluyas y el pueblo afuera gimiendo. No es posible agradar a Dios de esa manera. Dios no es egoísta." Yo no podría ser. "Cuanta gente yendo al infierno y yo pensando sólo en mí."

En las horas y en los días siguientes a ese culto, los mismos cuestionamientos se reproducían.

"¿Por qué Dios me había dado aquella visión? ¿Qué quería de mí? ¿Qué haría Él en mi lugar? A fin de cuentas, cuál es la más grande expresión de gratitud a mi Señor: ¿la alabanza o la salvación de las almas? ¿Si el Señor Jesús estuviera aquí, qué haría? Qué tiene más valor para Dios: ¿palabras de alabanza o almas redimidas?"

Concluí, más que nunca, que no podría unirme a los adoradores de la Iglesia; necesitaba correr en busca de los perdidos. Los proverbios de Salomón encontraban su respuesta definitiva: "Como el que se quita la ropa en día de frío, o como el vinagre sobre la soda, es el que canta canciones a un corazón afligido" (25.20).

Yo tenía sed de entregarme y que fuese utilizado en cuerpo, alma y espíritu como pastor o el cargo que fuera en la obra de Dios. No importaba. Quería ser instrumento del Espíritu Santo con el único y majestuoso objetivo de rebañar almas.

Esa convicción latía en mi interior. Un fuego, un ardor, una súplica del espíritu. Un llamamiento.

Mis sueños pasarían a ser los sueños de Dios. Mi obstinación era dar un vuelco a mi propia historia, pero, antes, debía vencer muchos obstáculos.

CAPÍTULO 3

UNA ENFERMEDAD QUE TRAJO VIDA

Dieciséis capítulos antes

F e es actitud. El lector ya debió oír hablar bastante sobre ese tema. Esa frase casi se convirtió en un lema de la Iglesia Universal porque resume bien los pensamientos de la Biblia y lo que predico hace unas cuatro décadas. No existe resultado concreto sin actitud, sin acción, sin buen proceder, por mucha creencia que se diga poseer. Por mucha pasión por las almas incendiando mi ser, por mucha aspiración vehemente de socorrer la muchedumbre de no creyentes, lo único que logré fue ser usado por Dios cuando yo tomé una actitud.

Viví como miembro fiel de una Iglesia evangélica por once años, desde poco antes de mi conversión, cuando tenía diecinueve años, hasta mediados de 1975. Fueron once años de disconformidad. Nacido de nuevo y sellado en el Espíritu Santo, pero espiritualmente encarcelado a una institución que me consideraba incapaz para utilizarme en la difusión del Evangelio, me desperté cuando decidí actuar.

La actitud lo cambia todo.

El publicano Zaqueo decidió donar la mitad de sus bienes a los pobres y devolver cuatro veces más a quienes les hubiera exigido algo injustamente. Antes, se subió a un árbol para divisar a Jesús a la entrada de Jericó. La acción de Zaqueo hizo que el Hijo de Dios eligiera su casa para reposar, entre tanta gente allí presente. Hubo salvación en ese lugar. Entre una aglomeración de paralíticos en Cafarnaúm, el Señor Jesús atendió al que fue bajado de lo alto del tejado por cuatro hombres. Ocurrió el milagro. Al afrontar la amenaza de genocidio de los ejércitos del Faraón, después de tanto meditar en los mandamientos y orar por socorro, Moisés oyó una amonestación de Dios. "[...]¿Por qué clamas a mí? Di a los hijos de Israel que se pongan en marcha" (Éxodo 14.15).

Dios aguardaba solamente una actitud. Yo necesitaba marchar.

En Nueva Vida no me consideraban "ungido" ni para abrir y cerrar puertas a la hora de los cultos. Me quedé un tiempo inmenso, para mí una eternidad, aguardando una oportunidad. Once años más tarde, me convencí de que no podría más esperar. Era hora de dar un vuelco.

Cierta noche, un miércoles, solicité una audiencia con uno de los principales líderes de la Iglesia, obispo Tito Oscar. Días antes, también había rogado por una oportunidad al entonces pastor Jorcelino Queiroz, mi concuñado, casado con una de las hermanas de Ester, responsable de una pequeña Iglesia en Teresópolis, zona serrana de Río. El templo no congregaba más que veinte frecuentadores y yo me consideraba preparado para contribuir al crecimiento de aquel lugar.

Subí ansioso los casi 90 km de sierra.

Aprehensivo, al encontrarme con Jorcelino fui directo al grano:

—Pastor, puedo ayudarlo. Vamos a evangelizar a esta ciudad entera, vamos a llenar esta Iglesia. Estoy seguro de que va a funcionar, ¡no es difícil!

Jorcelino interpretó mi motivación con cierta suspicacia. Respiró profundamente antes de decirme:

—Yo no puedo hacer nada, Edir. Tú lo sabes... Estoy supeditado al obispo Tito. Todo lo que aquí hago necesita su autorización.

—Pues voy a hablar con el obispo Tito, pastor. Le voy a solicitar que me permita ayudarlo —repuse exultante—. ¡Creo que vamos a ganar muchas almas en esta ciudad!

—Si él autoriza, muy bien. Lo que decida él, está decidido —concluyó la conversación.

Al regresar a Río, me brillaban los ojos. Vi la oportunidad real de entregarme a la difusión del Evangelio. Conduciendo por la carretera, los múltiples tonos de verde de la sierra, los árboles de la Mata Atlántica y el paisaje de montañas y picos desplegaban mi mundo ideal. ¿Sería ese el principio de todo? ¿Me utilizaría el Espíritu Santo a partir de ese momento? ¿Tocaría Dios el corazón de la cúpula de Nueva Vida? ¿Creerían los pastores en mi potencial? ¿En mi inmenso deseo de servir en el altar? Por fin, ¿alguien me daría atención?

Allí me encontraba, en aquella noche de miércoles, dispuesto a conversar con el obispo Tito. El diálogo transcurrió en la sala de atención a fieles de la iglesia.

—Obispo, hablé con el pastor Jorcelino, y existe la posibilidad de que yo lo ayude en su ministerio en Teresópolis. La Iglesia es pequeña, ¡y puede crecer tanto! Estoy seguro, obispo Tito, existen muchas condiciones para el crecimiento del trabajo —le rogué con esperanza en mi semblante.

Él solamente me observaba agitando ligeramente la cabeza.

—Necesito únicamente una oportunidad. Hace muchos años que estoy aquí en la Iglesia y deseo rebañar almas. ¡Necesito rebañar almas! ¡Me siento cobrado por Dios! ¡Necesito hacer algo! —me rasgué por dentro—. Mi única voluntad, obispo, es seguir lo que dijo el Señor Jesús: "Ide por todo el mundo y predicad el Evangelio a toda criatura".

Tito Oscar se levantó de su asiento. Y con voz impostada, típica de los discursos religiosos tradicionales, inició la destrucción de mi ensueño.

—Edir, muchacho, presta atención. Te voy a decir algo para que nunca más te olvides —dijo en tono profesoral—. Antes que Cristo anunciara: "Id por todo el mundo y predicad el Evangelio", dijo muchas otras cosas. Ese versículo se encuentra en el capítulo de Marcos, pero para llegar hasta él, necesitas empezar por el primer capítulo. ¿Comprendes, Edir?

Yo no quería abandonar. E insistí revelando lo que habitaba en mi interior:

—Obispo Tito, pero yo nací de nuevo y me bauticé en el Espíritu Santo... ¿Qué más necesito? ¡Por favor, permítame rebañar almas!

—Edir, sabes que no trabajamos de ese modo. Nuestro sistema es de comunidad —me contestó.

Nueva Vida había adoptado el sistema de comunidad en los años 1960, sobre la base de la metodología de un, en esa época, famoso teólogo argentino llamado Juan Carlos Ortiz. Él había fundado la Iglesia pentecostal más grande de Buenos Aires en aquella época y difundió sus dogmas y doctrinas por los países latinos, entre ellos Brasil. Ese sistema de evangelización, también llamado en "células", consiste en clases de la Biblia para un pequeño grupo de vecinos y conocidos en el domicilio de un frecuentador de la Iglesia. Quienes lideran las clases son siempre dos enviados de la Iglesia, seleccionados a consciencia por los dirigentes del ministerio.

Cuestioné las limitaciones lógicas de la doctrina.

—¿Pero y los indios, obispo? ¿Cómo serán alcanzados si hacemos sólo ese trabajo evangélico? Lo ideal sería mantener ese tipo de obra, pero sin obstaculizar la realización de las demás. Con ese espíritu, ¿cómo vamos a alcanzar las tribus indígenas?

—Edir, no es exactamente de ese modo... —alegó.

Confieso que perdí la paciencia. Y no me contuve:

—Bueno, entonces, obispo, me gustaría comunicarle que dejo la Iglesia.

Se llevó un susto. Y continué:

—No sé si Ester me acompaña. Venga ella conmigo o no, me voy. Ya tomé la decisión.

La conversación se acabo ahí. Abandoné el templo indignado. Ester suele decir que esa fue mi primera gran rebelión. Ya estaba casado, tenía sólo mi hija Cristiane, presentada en el altar de Nueva Vida dos años antes. Pero, en aquel instante, no me preocupé con mi familia ni con nada más.

Era momento de decisión.

Jacob luchó con Dios hasta lograr su objetivo. Sin temor, mostró ser imposible transformar cualquier situación contraria con conformismo. Hay que tener espíritu de guerra para alcanzar las promesas divinas. La lucha de Jacob con Dios duró hasta el amanecer. "Entonces el hombre dijo: Suéltame porque raya el alba. Pero Jacob respondió: No te soltaré si no me bendices. Y él le dijo: ¿Cómo te llamas? Y él respondió: Jacob. Y el hombre dijo: Ya no será tu nombre Jacob, sino Israel, porque has luchado con Dios y con los hombres, y has prevalecido" (Génesis 32.26-28).

Desde aquel día, intensifiqué mi dedicación a las iniciativas de predicación de la Palabra de Dios hasta que el Espíritu Santo me mostrara un camino definitivo a seguir, es decir, hasta que yo tuviera la oportunidad de predicar el Evangelio en el altar. Yo ya había ejecutado de manera espontánea tales acciones en los años anteriores. Notando la falta de deseo de la Iglesia de utilizarme, me marché para hablar de la fe en los núcleos de miseria y sufrimiento de Río, a la vez que trabajaba en la lotería y cuidaba mi vida personal.

NUBE QUE NO PASA

Cuando aún estaba soltero, quien me acompañaba en esas incursiones era mi actual cuñado Romildo Ribeiro Soares, casado con mi hermana más chica, Magdalena. Todos nos conocimos en el grupo de juventud de Nueva Vida. Encontré a Soares por vez primera en 1968, y, desde entonces, esporádicamente, pasamos a difundir la fe juntos.

Solía aprovechar que me llevaba en coche hasta los lugares de nuestro trabajo voluntario, entre ellos, el Hospital Oscar Clark, en el barrio de Maracanã, vecino al estadio. Era un instituto de rehabilitación de fracturados y portadores de deficiencia física permanente o temporaria. Vi escenas muy conmovedoras de hombres, mujeres e incluso niños luchando para recuperar los movimientos de sus piernas o brazos. Aprovechábamos aquel ambiente para llevar un mensaje de apoyo y confianza a los enfermos y sus familiares.

Yo pasaba por los lechos, uno a uno, para retirar los pacientes y conducirlos a una pequeña sala destinada por la dirección del hospital a las oraciones. Muchos llegaban en camilla, con las piernas enyesadas, alzadas, para tratamiento. Otros, con las manos vendadas o los brazos inmovilizados. Los casos más graves, por lo general con parálisis en la parte inferior del tronco o lesiones serias en la columna vertebral, llegaban acompañados de los enfermeros. Semanalmente, todas las mañanas o tardes de sábado hacíamos esa donación al prójimo con un único objetivo: rebañar aquellas almas para el Reino de los Cielos.

Como Soares era muy tímido, siempre yo transmitía la palabra de fe, y luego hacía una oración, con o sin imposición de manos. El organizaba la presentación de un video sobre milagros. Soares siempre ha sido un gran admirador de un famoso reverendo norte-americano llamado Thomas Lee Osborn, conocido por sus libros, películas y documentales sobre curaciones en masa. Tal contenido religioso, recibido regularmente de parte del reverendo, mostraba historias de hechos sobrenaturales en Europa, África y en otras partes del mundo. Lee Osborn llegó a enviarle un pequeño proyector de cine a Soares con el objetivo de auxiliarlo en su oficio espiritual.

Decidimos ampliar la iniciativa a áreas pobres y desvalidas de Río. Aplicamos la misma clase de evangelización, entre otras, en la comunidad de Rocinha, ya en esa época una de las más grandes de Brasil. La estrategia funcionaba siempre de idéntica forma: pasábamos cuatro o cinco días repartiendo cientos de prospectos en las calles y callejones invitando a los vecinos a ver las películas de Osborn. En el día marcado, tras la presentación, yo oraba

por familias deshechas, enfermos, gente en paro, droga-
dictos, prostitutas y demás excluidos.

Al saber de mi decisión de abandonar Nueva Vida, el fundador de la Iglesia, obispo Robert McAlister, me citó para
una reunión reservada y solicitó que Ester me acompañara.
Educado, y de manera respetuosa, me aseguró que se sentía
triste con la noticia y me aconsejó a no tomar ninguna actitud.

—Obispo Robert, ya le expliqué al obispo Tito. Hace
varios años espero una oportunidad que no llega nunca.
No soporto más ver nuestra Iglesia en la presencia de
Dios y las personas afuera sufriendo. Quiero ganar almas, ¡pero no me dejan!

Él me oyó resignado. Lo único que hizo fue asegurar que
me comprendía, y en seguida me pidió permiso para hablar
a solas con Ester.

—Tranquila. Eso es cosa pasajera, Ester. No te preocupes. Edir está muy animado. Deseo mucho que ustedes per-
manezcan en nuestra Iglesia —discursó McAlister.

Ester calló. Lo único que hizo fue bajar la cabeza. Ella
sabía lo que me iba dentro.

—Quédate tranquila, Ester. Te lo aseguro: lo que Edir está
viviendo es una simple nube pasajera —concluyó McAlister.

Ester permaneció aún más tres meses en Nueva Vida,
participando en los cultos de los miércoles y domingos,
aguardando que pasara la nube. Pero la "previsión del tiempo" no fue acertada: la nube jamás pasaría. Yo dejaría Nueva
Vida, y, gracias a Dios, el sol brillaría para mí.

Con mi salida solitaria de Nueva Vida, proseguí en mis
misiones evangélicas. Ya tenía definido un nuevo rumbo.

Estaba convencido de lo que quería. Mi actitud no daría marcha atrás. Pero, ¿qué hacer exactamente a partir de ese momento? ¿Adónde ir? Yo no aceptaría simplemente transferir mi carnet de miembro a otra denominación religiosa. Para ello, mejor me quedaría en Nueva Vida. Mi sueño era iniciar una Iglesia desde cero. Pero, ¿cómo empezar una obra sin estructura o condiciones económicas? Lo único que tenía era voluntad, nada más. Mi fe señalaba un sólo camino: debía aguardar.

A pesar de la decepción por no haber sido considerado capaz, dejé Nueva Vida sin ninguna indignación o resentimiento contra la Iglesia. Al contrario. Fue allí donde aprendí a vivir pautado en las enseñanzas del Evangelio, a ser fiel en los diezmos y a andar con rectitud de carácter. Fue allí donde conocí Ester, nos casamos y presentamos nuestras hijas a Dios.

Después que salí, nunca critiqué a la Iglesia, tanto que hago público, sin pudores, el lugar donde tuve mi encuentro con Dios y nací del Espíritu Santo. En esa época, mantuve una relación cordial con los obispos y pastores de la congregación y jamás osé influir sobre mis amigos y conocidos para que salieran de allí. No sería justo ni leal. Prueba mayor de ello fue la permanencia de mi propia esposa y de mis hijas en el momento que salí.

Hoy, muchos pastores vienen abandonando la Iglesia Universal llenos de odio y con espíritu de venganza. Sacan las manos del arado sembrando críticas feroces y malvadas, ataques cobardes, vilezas, groserías sin la más mínima demostración de respeto y gratitud. No por mí o por los demás obispos, pastores y obreros que los ayudaron cuando llegaron oprimidos por demonios, pero, sobre todo, por Dios.

Lo curioso es que se trata de una conducta exactamente igual a la observada en los espíritus incorporados cuando expulsados de las vidas que esclavizan. Llenos de rabia, echan bravatas gritando que me odian, odian a la Iglesia Universal y a los demás siervos de la obra de Dios. ¿Por qué tantos pastores y obispos dejan la Iglesia y sienten orgullo de esparcir tanto resentimiento? ¿Es que sienten placer en criticar con furia a quien tanto los ayudó cuando más necesitaban? El "Evangelio del odio" es incomprensible, lamentable y diabólico, practicado exclusivamente por los que no son de Dios. Esta es la verdad pura y cruda. Seres humanos necesitados de nuestro perdón y de nuestros continuos rezos.

Solo, fuera de Nueva Vida, continué con las misiones al lado de Romildo Soares. Como yo, él también deseaba donar su vida en nombre de la fe. Fue cuando me presentó otra Iglesia pentecostal para la cual pretendía encaminarse e ingresar como pastor. Era llamada Casa da Bênção [Casa de la Bendición], a la época liderada en el estado de Río de Janeiro por el pastor Cecílio Carvalho Fernandes, en el barrio Senador Camará.

Observé por vez primera, con osadía, la manifestación y expulsión de demonios. Había asistido a cultos de liberación poquísimas veces, pero suficientes para arrancar en definitiva cualquier temor de afrontar al diablo. Vi la intrepidez de afrontar el mal, pero faltaba la enseñanza de la Palabra de Dios, tan presente y memorable en Nueva Vida. Poco a poco, por dirección del Espíritu de Dios, empecé a imaginar el modelo considerado ideal para la Iglesia de mis sueños. Un trabajo espiritual capaz de provocar un terremoto en el infierno. Una fórmula guardada dentro de mi pecho y en mi intelecto. Una inspiración de lo alto.

Antes que yo, Soares dejó Nueva Vida rumbo a la Casa de la Bendición juntamente con otro miembro, compañero de Iglesia: Samuel Coutinho. Tras la insistencia de Soares, decidí acompañarlos con la esperanza de que me notaran al elegir los predicadores. Poco tiempo pasó y los dos fueron consagrados pastores por Cecílio Carvalho. Y yo no. Cecílio me prometió que me consagraría, pero yo debería permanecer por un período de experiencia más grande.

—Edir, todavía no estás preparado. Necesito acompañar tu evolución más de cerca, sólo después puedo erigirte pastor —dijo Cecílio.

Otro "no" en mi vida. También allí nadie veía en mí cualquier virtud o talento que llamara la atención. Fui otra vez puesto de lado, excluido, disminuido. En mis rezos, arrodillado, solo en mi habitación, preguntaba el motivo para tanta frustración.

"¿Por qué nadie me nota, Señor? Todo para enfriar mi ánimo. Lo único que deseo es servirte con mi vida", me desahogaba con Dios.

Parecía existir un enorme complot para hacerme abandonar.

En medio a esa batalla espiritual, un episodio en mi vida me obligó a radicalizar. Otro momento de certeza para transformar mi historia.

PUÑETAZOS

Señorita, ¿dónde está mi hija? ¿Dónde está mi hija? ¡Quiero ver a mi hija!

El ruego era de mi parte a las enfermeras de la maternidad del Instituto de Asistencia de los Servidores de Río de Janeiro, en el centro de la ciudad, la mañana de domingo, el día 20 de enero de 1975. La actitud del equipo médico me provocaba agonía. ¿Por qué, tres días después del parto, la madre todavía no había conocido su bebé? En seguida imaginé que algo pasaba. Mal nació, se llevaron la niña para hacerle la prueba del talón y no regresó más.

Ester, todavía bajo el efecto de la anestesia para la cesárea, no había visto con nitidez el exacto instante en que se llevaron la niña, nacida el viernes. A mí no me permitieron acompañar el parto porque era un procedimiento común de los hospitales públicos de la época. El padre era autorizado únicamente a ver a la madre en los días de visita, como en aquella sombría mañana de domingo.

Desde el fin del efecto de la anestesia, Ester preguntaba por nuestra hija con insistencia. En vano. Observaba las demás mujeres que recibían sus bebés para amamantar y la nuestra, nada. La noticia la darían sólo en presencia del padre. Nadie sabía cómo sería la reacción de la madre. Llegué impaciente a la habitación.

—¿Dónde está nuestra hija, Ester?

—No lo sé, Edir. La enfermera no me dice nada, lo único que dice es que la llevaron para bañarla y no me muestra el bebé —contestó Ester, todavía en cama—. Estoy preocupada. Anda a ver si averiguas algo.

Salí por los pasillos del hospital preguntando por el destino de la niña. De pronto, la jefe de las enfermeras me llamó a un rincón y me pidió que aguardara. Comprobó el nombre del bebé.

—Sí, Viviane. Viviane Rangel Bezerra —confirmé.

—Tranquilo, papá. Ya va a llegar. Quédese tranquilo —aseguró, algo agitada. En seguida, me solicitó que la acompañara a otra sala.

Aguardé ansioso. Minutos más tarde, dos médicos se acercaron hasta mí para "preparar" mi espíritu para la escena que marcaría mi vida: la enfermera me entregó un bebé con un aspecto difícil de olvidar. Arropada en una manta, mi hija Viviane. Flaquita, con ojeras, con el rostro deformado. Una herida abierta en la encía, sin una parte de los labios, con una hendidura en el paladar.

—Es una deficiencia física de nacimiento, ella está bien —me explicó el médico en un intento de consolarme—. La llamamos labio leporino y paladar hendido. En resumen, es una malformación congénita.

—Ah, yo no quiero eso, no —reaccioné nervioso, sin pensar en lo que decía.

Fuimos hacia la habitación. Ansiosa, Ester fijó sus ojos en mí.

—Tranquila, la imagen es fea. Vas a tener que ser fuerte —le dije tomándole una de sus manos.

Al mirar otra vez a Ester, no me contuve. Intentaba limpiarse las mejillas empapadas de tantas lágrimas. Lloré también. Solitos, exprimimos nuestro llanto por unos minutos en silencio. Pero algo explotó en mi interior en aquel exacto momento. Elevé mi pensamiento a Dios. Sentía mi cuerpo poseído por una fortaleza inexplicable. Mi dolor me transportó directamente al trono de Dios. Yo sufría al prever el repudio que mi hija padecería en la escuela durante la infancia y adolescencia, y, quizá, por el resto de su vida. Mis pensamientos viajaban hasta los primeros años escolares y proyectaban su futuro. Viví el pasado y el futuro en aquel instante. Un auténtico tormento.

Pero, en lugar de buscar consuelo en mis seres queridos o mismo en la Iglesia, me lancé sobre el problema con una ira incontrolable.

Decidí orar. Pero no fue una oración común. Cerré las manos, y, con rabia, di varios puñetazos en la cama.

—Dios mío, ahora nadie me va a detener. No hay familia, no hay esposa, no hay futuro, no hay sentimiento, no hay nada. ¡Nadie me va a parar! ¡Nadie, nadie! ¡Basta, basta!

Allí se gestó la Iglesia Universal del Reino de Dios.

Mi indignación no se volvió contra Dios, sino contra el infierno que provoca en millones de seres humanos el mismo sufrimiento que yo sentía en aquel instante. De una vez por todas, estaba determinado a renunciar al cien por ciento de mi yo en el altar. Me entregaría como nunca, aunque ninguna Iglesia o pastor creyera en mi garra para servir a Dios. Pagaría el precio que fuese para donarme a la causa de los menos favorecidos y rechazados.

Al dejar el hospital, en el medio de la tarde, seguí hacia el apartamento de mi mama, en el largo de la Gloria, zona sur de Río. Fue en casa de doña Eugênia, más conocida como Geninha, que la familia conoció el problema de Viviane. Yo me sentía, como es natural, muy entristecido, pero convencido de mis actitudes de allí en adelante.

—No voy a sentir rabia de Dios. Voy a sentir rabia del diablo. Ahora sí que voy a invadir el infierno para rescatar las almas perdidas —dije delante de hermanos, sobrinos y primos.

Al regresar a casa, en el barrio de Grajaú, meditaba sobre mi terrible domingo. De todo lo que pensaba, una única certeza me inundaba el ser: más que nunca, estaba decidido a largar mi trabajo y todos mis objetivos personales en pro de quien padece lejos de Dios. Era cuestión de tiempo. Me había dado cuenta, de hecho, de qué significa la expresión sufrimiento.

También era imposible dejar de pensar en las dificultades que Viviane afrontaría con el paso del tiempo. Yo mismo crecí con una deficiencia física. Sabía lo qué significaba. Al rememorar el estado deplorable de Viviane, recordé mi defecto de nacimiento. Miré mis manos. La deficiencia en mis dedos, que los deja medio torcidos. Ello me causó complejos de inferioridad en la infancia.

Imaginé como sería penoso para una adolescente vencer una imperfección en el rostro, justamente la parte del cuerpo humano que más despierta la vanidad femenina.

Pensaba, todavía, en los obstáculos financieros que surgirían con la enfermedad de Viviane. Todo para intentar impedirme abandonar el trabajo y predicar la Palabra de Dios. Yo ya vivía con el dinero contado, tanto que el embarazo de nuestras dos hijas no fue planeado. Siete meses tras el nacimiento de Cristiane, fuimos sorprendidos con la nueva gestación. La noticia llegó a asustarnos.

Ester tomaba anticonceptivos con tanta frecuencia a punto de padecer náuseas y malestar. Yo también me preservaba con el uso de condones, pero no funcionó. Con la llegada de Viviane, no tuve otra opción. Incrementé mis actividades profesionales para complementar la renta de la casa, aunque aún así no era suficiente. Contaba con la solidaridad de mi hermano Celso, en aquel tiempo comisario de bordo, que a veces nos donaba carnes y otros alimentos de calidad.

Ester todavía quedó internada en el hospital cinco días más. Al regresar, iniciamos una larga batalla para criar a Viviane con salud. No era una tarea fácil. La alimentación con leche era un reto diario. El bebé no podía ser amamantado porque no podía succionar. Incluso goteando la leche con una cuchara en su boca, de gota en gota, aún corría el riesgo de atragantarse debido a la ausencia del paladar. Diez días en casa, Viviane se atragantó y se puso morada. Cada vez más morada.

Ester gritaba:

—¡Edir, por el amor de Dios! Ella no está respirando. ¡Haz algo, haz algo, se va a morir!

Yo no sabía qué hacer. Viviane sin aire. No tuve tiempo de orar. Levanté al bebé a lo alto y grité:

—¡Jesús!

Viviane tosió y recuperó la respiración. Quedó comprobado el tamaño ilimitado de mi amor por ella.

MADRE DE GUERRA

Viviane crecía, y nuevas complicaciones surgían. Ella siempre se alimentaba mal, por eso se enfermaba con facilidad; resfriados fuertes e infecciones urinarias. Con sólo un año, hizo su primera cirugía. Un procedimiento doloroso para nosotros y para el bebé. Al total, fueron doce operaciones hasta la preadolescencia. En todas, como cualquier niño, se ponía muy nerviosa a causa de la aplicación de las anestesias. No sabíamos qué hacer para calmarla. En los posoperatorios, vomitaba mucha sangre debido a las agresivas intervenciones en su rostro.

¡Cuánta amargura, cuánto sufrimiento! No puedo recordar esos hechos, aún hoy, sin tener ganas de llorar.

Fue una fase muy difícil de nuestra vida, pero que resultó en la salvación de millones de almas en todo el planeta. La Iglesia Universal nació en aquel enero de 1975. Yo ya no tenía dudas sobre el rumbo a seguir. Incluso como evangelista, batallando por un espacio en una Iglesia, lo único que deseaba era salvar almas. Estaba indignado por no tener la oportunidad de volverme un predicador, aunque insistiera sin cesar.

El nacimiento de Viviane generó mi grito de independencia. Si ella no hubiera nacido enferma, la Iglesia Universal no existiría. Mi indignación estaría dormida de tal forma, quizá, que yo volvería a ser un mero frecuentador de Nueva Vida. Sufrí, y puedo predicar sobre sufrimiento. La Iglesia Universal no predica lo que aprendió en la escuela o en una facultad, sino por las lecciones prácticas del Espíritu Santo en la vida.

Los dolores de Viviane le hicieron bien a Ester, por más surrealista e inimaginable que pueda parecer para cualquier madre con un hijo enfermo. Exactamente: Ester se perfeccionó como mujer de Dios. Fue una auténtica heroína, sobre todo durante la infancia y adolescencia de nuestra, en esa época, hija más joven. Su importancia para mí se hizo aún más evidente en ese período tan perturbador de nuestra vida.

Le tocó a Ester, en silencio y sin murmuración, administrar las crisis de la infancia generadas en función de la deficiencia de Viviane. En la escuela, llegó a padecer *bullying*, sobre todo en el período que vivimos en Estados Unidos. Sus compañeros disfrutaban con agredirla físicamente a causa de su boca diferente.

A pesar de someterse a terapias del habla, Viviane mal podía pronunciar con perfección, lo que dificultaba su comprensión y la fastidiaba a menudo. La única capaz de entenderla con cierta facilidad era Cristiane. La hermana mayor creció como protectora de la más joven. Las dos se hicieron confidentes una de otra y amigas inseparables.

Los psiquiatras decían que los complejos de Viviane jamás se borrarían, incluso en la fase adulta, pero su encuentro con el Señor Jesús, exactamente como ocurrió conmigo, eliminó los sentimientos negativos.

Feliz con la llegada de nuestra primera hija, Ester se sentía plena al recibir cumplidos por la belleza y simpatía de la pequeña Cristiane. Adoraba hacerle fotos para dejar constancia de los primeros años de vida de la niña. Con la llegada de Viviane, Ester tuvo que afrontar una situación opuesta. A veces, tomaba el ómnibus para llevarla al hospital y la gente suspiraba de aversión y susto.

—Muchas mujeres me decían que era mal de ojo —cuenta Ester, que, al topar con el prejuicio en las calles, volvía para casa deshecha—. Yo veía las mujeres fumando, con un bebé perfecto en brazos, lleno de salud, y mi hija en aquella situación. Justo yo que llevaba una vida íntegra en Dios.

En los días que conversamos para recordar el pasado, con el objetivo de organizar los recuerdos para este libro, surgió una revelación inédita de Ester. Incluso para mí.

—Cuando nos casamos, mi mamá me advirtió: "¿Estás segura de que te vas a casar con él? Cuando tengan un hijo, va a tener el mismo desperfecto del padre" —recordó—. Y yo reponía: "Dios no lo va a permitir". Como toda madre, ella tenía la preocupación de advertirme. Pero tanto ella como yo sabemos hoy que la deficiencia de Viviane no tuvo ninguna relación con Edir.

Dios permitió aquella situación con un propósito. Él jamás hace algo defectuoso. Sería incoherencia: ¿cómo un ser perfecto haría algo imperfecto? Imposible. Incluso porque yo no creo en — ni mi inteligencia acepta — atribuirle a Dios la responsabilidad de la generación de hijos. Quien genera un niño es el ser humano. Dios le dio condiciones a su criatura para generar hijos, pero él propio no interviene en esa ley fija de la vida.

Incluso algunos familiares se escandalizaban con el aspecto de la niña. Yo sufría solo y callado al ver a Ester en aquel estado. Cargaba ese sentimiento conmigo por donde iba. A la vez, el dolor nos unió. Lloramos juntos. Y levantamos cabeza. Robustecimos aún más nuestro estrecho enlace. Crecimos. Más allá de ese hecho, Ester se volvió aún más sensible al sufrimiento de quienes vivían lejos de la fe, futuramente sumando esfuerzos conmigo en la inagotable jornada de rescate de los sufridores.

Después de mucho tiempo, ahora ya una mujer de treinta y siete años, casada y feliz, de aspecto perfecto, Viviane reveló con más detalle lo que sólo ella vivió en aquellos tiempos de amargura. Muchas situaciones que yo siquiera me imaginaba. En una carta de homenaje a Ester, ella se desahogó de una manera emocionante.

Querida mamá,

¿Quién en esta vida me amó con tanta fuerza? ¿Quién me creyó en los momentos en que nadie lo hizo?

Incluso ante una fisonomía que abatía a ella misma, en-

contró la fuerza para luchar, para creer que sería capaz de encontrar la salida. Aunque todos los expertos insistieran en lo contrario, en que aquel problema nunca tendría solución, y se agravaría con mi crecimiento, dejando traumas y secuelas.

Que dolor cruel para una madre tener que soportar las dificultades que encontraba en su camino. Fue ella quien afrontó mis primeros problemas generados por mi situación. En su interior, fue ella quien vio la mirada crítica de la gente. Fue ella quien tuvo de lidiar con el problema de cerca, y aún así, mostrarse fuerte para toda la familia.

En las cirugías, cuando yo me sentía llena de temor, ella me amparaba. Sólo ella podía hacerlo. Su presencia brindaba seguridad. Su cuidado brindaba protección. Y su afecto me brindó la seguridad interior de que todo terminaría bien.

¿Quién me brindó aquellos principios morales que albergo hasta hoy? ¿Y por qué sus palabras creaban tanto poder dentro de mí? Porque ella era y es equilibrada. Nada era motivo para dejarla descontrolada, incluso cuando yo llegaba de una cirugía y estaba nerviosa.

Ella sabía controlar la situación. Ella me apaciguaba con su manera sabia de enseñar. Ella siempre lidiaba con las situaciones, haciendo que mi hermana mayor abandonara sus voluntades por mí.

Yo, desde luego, afrontaba momentos difíciles para una niña de cinco años, cuando descubrí mis imperfecciones físicas, y también que mi habla no era igual a la de los demás niños. ¡Qué situación! Era un caos en mi vida. Conocí el desprecio y el prejuicio de los demás, de los que no eran de mi familia.

¿Y qué pasó?

Mi amada madre cumplió su deber muy bien. Ella no sabía que yo afrontaba tales problemas en la escuela, y que me sentía un extraterrestre cuando salíamos de casa. Ella siempre fue la madre atenta, cariñosa y besucona. Me hacía olvidar todos los dramas vividos fuera de casa. Yo era amparada en mi hogar.

Crecí en un hogar lleno de apoyo, pero también de educación. Ella usaba su autoridad para imponer límites, pero no se detenía ahí; brindaba los principios morales. Fue ella quien me hizo siempre notar que era yo la que tenía que cambiar, no los demás. Ella nos enseñó a valorizar a los demás, a apreciar el trabajo realizado, a servir, a honrar, ¡a amar sin límites!

Algo que me marcó mucho en sus enseñanzas fue todo eso, pero también el vigilar mi propio instinto. En verdad, fue ella el instrumento esencial para que yo llegara a reconocer que necesitaba a Dios.

Ella me hizo ver la dura realidad —la verdad de mi propio yo dolía mucho, y muchas veces yo luchaba en mi interior con la verdad que oía; pero no había opción—, los principios estaban allí, y esos principios fueron el temor y el respeto.

Mi querida mamá, quiero que sepas que hasta hoy busco encontrar algo que demuestre mi gratitud por todo lo que fuiste y hiciste por mí. ¡No te morirás nunca en mi interior! ¡Jamás! Puede mi vida sufrir un vuelco, pero tus consejos seguirán cerrados a siete llaves. ¿Y sabes qué más? Todos tus consejos, uno a uno, sólo me hicieron bien.

Te amo, y gritaría para que todos oyeran mi amor y aprecio por ti. Tengo un único consejo para todas las hijas: honra a tu padre y tu madre, pues debemos nuestra vida a sus sacrificios.

Viviane de Freitas

Hace poco tiempo, Cristiane, mi hija mayor también puso en el papel un poco de sus experiencias al lado de la hermana en el período que luchamos contra su deficiencia física. Como sabemos, los hermanos tienen una ligación afectiva especial, muchas veces inexplicable. Son palabras que traducen impresiones obtenidas únicamente por ella y prueban como la enfermedad de Viviane afectó a nuestra familia.

Mi hermana era mi mejor amiga y viceversa, pero, desafortunadamente, hubo momentos en que una pasó a quedarse a la sombra de la otra, y como no podía ser diferente, un pequeño pedazo dentro de nosotras fue terriblemente afectado por eso.

Su defecto de nacimiento la llevó a una profunda necesidad de atención, y para aligerar su dolor, nuestra familia y amigos le daban más atención. Mi carencia de defecto de nacimiento me llevó a una profunda culpa, y también a contentarme con estar continuamente a su sombra.

Vivi creció acostumbrada a la atención, y cuando no la recibía, era un problema. Yo crecí acostumbrada a estar en las sombras, ocultándome tanto como pude detrás de las personas que yo consideraba más merecedoras.

Y aunque fui eventualmente bautizada con el Espíritu Santo en mi adolescencia, la inseguridad me acompañaba todo el tiempo. Dondequiera que fuese, allí estaba ella. En todo lo que hacía, allí estaba ella para perturbarme. A todos los que conocía, allí llegaba ella, terriblemente.

Entonces, me volví famosa como la hermana "pesada", o "aquella que, probablemente, se va a casar más tarde en la vida". Siempre que la gente me llamaba, decía el nombre de mi hermana: *"Ah no, tú eres la otra, Cristiane, ¿no?"*. Y entonces, normalmente venía a seguir: *"Yo siempre confundo sus nombres"*. Pero eso nunca le pasaba a mi hermana... Interesante...

En lugar de ofenderme con los comentarios, o al menos devolverlos, yo siempre los veía como pruebas para mi ya distorsionado descreimiento en mí. Sí, no soy tan divertida como mi hermana. Sí, soy un tanto posada. Sí, soy tímida. Voy a tener mucha dificultad de encontrar alguien que me quiera de la manera que soy.

Sí, no soy tan valiente como mi hermana, ni tan fuerte. Quizá es mejor quedarme aquí, a la sombra de todos los demás en mi vida. Mi matrimonio lo cambió todo, pero no inmediatamente.

Tardé años en liberarme de toda la vivencia que mantuve guardada durante toda mi infancia. Pero, cuando por fin lo logré, mi matrimonio sufrió un vuelco. Me sentí atractiva por primera vez en mi vida. Me dejé crecer el pelo, y permanece así desde entonces. Curioso como nuestro aspecto puede relacionarse con la forma como nos sentimos por dentro.

"¿Cual es la llave?", quizá te estás preguntando.

Fe. Empecé a creer en mí sin necesidad de ver nada. Yo hacía lo que Dios ponía en mi corazón, sin al menos preocuparme con cuán incapaz o pequeña era, y entonces él empezó a utilizarme. Pasé a entender que cuanto menos somos capaces, más Él nos utiliza y, por esa razón, aproveché!

Cristiane Cardoso

Así como Cristiane, Viviane hoy está casada y vive con un hombre de Dios. Es una mujer realizada, alegre, llena de sueños, y, lo más importante, como yo, dedica su vida al Evangelio. Su deficiencia se quedó en el pasado. Forma parte de un pasado oscuro recordado sólo para entender los significados de todo lo que ocurrió.

Y lo que ocurrió de más valioso fue la explosión de una indignación que yo ya cargaba en mi interior desde los primeros años tras mi encuentro con Dios. La Iglesia Universal nació allí, en el acto de fe y de coraje de dirigirme a Dios con rebeldía y osadía.

El nacimiento de Viviane me despertó de una vez por todas.

La fe me mueve, me conmociona. Es pura, sin sentimentalismos, y nasce cuando paro para pensar. Pienso en una promesa de Dios y miro mi vida. ¿Por qué no se cumplió? ¿Por qué debía tener una vida feliz, siguiendo las palabras de Jesús, y tengo una vida completamente arruinada? ¿Por qué soy amargado y lleno de agonías?

La fe hierve en mi sangre. Me afecta la mente, invade mi inteligencia, me pone inquieto e incluso nervioso. Dios no cambia. Dios quiere presentarse ante mí y ante cada uno que cree. Ocurrió con los héroes de la Biblia. David lo retó al gigante. Elías afrontó los profetas de Baal. Josué derribó las murallas. Moisés afrontó los ejércitos del Faraón. Gedeón tuvo la petulancia de preguntar dónde estaba el Dios de sus padres, del que simplemente oía hablar en el pasado, pero que no surgía en su vida. No son descripciones mitológicas o inventadas por el ingenio humano. Son reales.

La fe me impulsaba. Había llegado el momento de darle un jaque mate a mi destino.

YO PREPARABA EL CAMINO

Graduado en un
curso teológico de la
Iglesia Evangélica
donde di mis
primeros pasos en la
fe cristiana.

Época que me
inicié como
evangelista en
la zona norte de
Río de Janeiro.

El templete del
Jardín de Méier
donde realicé
mis primeras
predicaciones
al aire libre,
que propiciaron
miembros fieles
hasta hoy.

En el edificio de una antigua funeraria, en el barrio carioca de Abolição, una de las primeras reuniones de la historia de la Iglesia Universal del Reino de Dios. Millones de personas serían rescatadas a partir de ese simple trabajo evangelista.

El día de mi
cumpleaños, al lado
de Ester, cuando fui
consagrado pastor
en el altar de la
antigua funeraria, el
primer templo de la
Iglesia Universal del
Reino de Dios.

En las fotos después
de la ceremonia de
consagración, la esposa
y las hijas de don
Albino Silva da Costa.

Los padres de
Ester y nuestra
familia. Son
registros inéditos
de momentos
inolvidables.

Siete de junio de 1980, cuando realicé el matrimonio del obispo Paulo Roberto Guimarães con Solange. Al final de la ceremonia, corrimos hacia una elección decisiva que definió el futuro de la Iglesia Universal.

Abrazado a los primeros obreros voluntarios de la Iglesia, futuramente consagrados obispos. Al lado, con el saudoso Renato Maduro, fallecido el 12 de diciembre de 2010. Abajo, con el ex obispo y ex diputado federal Carlos Rodrigues.

Este Cartão, identifica o portador como

MEMBRO _____ desta Igreja, inscrito sob o

N.º ___002___ na Congregação de ABOLIÇÃO

A Igreja Universal do Reino de Deus solicita as autoridades civis, militares e eclesiásticas se dignem dispensar ao portador todas as facilidades e auxílio no desempenho de sua santa função cristã.

IGREJA UNIVERSAL DO REINO DE DEUS
A IGREJA DA BÊNÇÃO
Sede: - Av. Suburbana, 7.258 - Abolição - RJ.
Insc. 48.382 - Liv. A 8   C.G.C. 29.744.770/0001-97

Nome: ALBINO DA SILVA
Rua: Av. Suburbana   N.º 7178/201
Cidade RIO DE JANEIRO   Estado   RJ.

Assinatura do Portador

Assinatura do Pastor

Don Albino, responsable del
descubrimiento del edificio de
la antigua funeraria, al conocer
las construcciones del Templo
de Salomón, en San Pablo. Su
carnet de miembro n° 2 de la
Iglesia Universal.

RÍO DE JANEIRO
Culto actual que impartí en nuestra sede en Del Castilho, con miles de fieles. Nuestra
fe y nuestros objetivos siguen siendo los mismos de la época de la fundación.

Treinta y cinco años después de su nacimiento, la Iglesia Universal del Reino de Dios se difundió por el mundo y se encuentra en más de doscientos países. Más importante que su presencia es la cantidad de gente recuperada del lado amargo de la vida.

TEXAS
Estados Unidos

TOKIO
Japón

MANILA
Filipinas

BUCAREST
Rumania

LISBOA
Portugal

HONG KONG
China

MOZAMBIQUE

Culto de inauguración que realicé en nuestra sede, en la capital, Maputo, el 12 de marzo de 2011. Una muchedumbre se vio obligada a asistir a la reunión del lado de afuera del templo.

SUDÁFRICA
Concentración de fe
en Johanesburgo, el
Viernes Santo, 2012.
El Estadio Ellis Park,
donde Brasil jugó en
la Copa del Mundo,
fue pequeño para el
pueblo de la Iglesia
Universal.

El día de la oración de los humillados, febrero de 2010. De rodillas, rasgamos nuestro corazón ante Dios. "Y seréis odiados de todos por causa de mi nombre, pero el que persevere hasta el fin, ése será salvo" (Mateo 10.22).

Meses después del dramático nacimiento de Viviane, ya predicando como evangelista, aunque sin todavía tener un ministerio propio, los ex miembros de Nueva Vida Romildo Soares y Samuel Coutinho me invitaron a inaugurar la Cruzada del Camino Eterno. Coutinho era el presidente, Soares el vicepresidente, y yo el tesorero, función en que ya me desempeñaba profesionalmente en la lotería. Aunque ocupaba ese puesto, nunca ejercí la administración de los recursos financieros de la nueva Iglesia, estrenada oficialmente a fines de 1975.

El trabajo evangélico era distinto. La Cruzada era una sola, pero cada uno se dedicaba a su ministerio aparte. Por mi inexperiencia y por ser todavía un mero evangelista, acabé la mayor parte del tiempo auxiliando a mi cuñado en las predicaciones en la zona norte de Río de Janeiro, aunque a veces lo ayudaba en la difusión del trabajo de Coutinho. Él había establecido su Iglesia en el barrio de Jacarepaguá, en la zona oeste.

Yo utilizaba mi escaso tiempo libre para hablar del Señor Jesús, fuese en los barrios ricos o en las zonas pobres y peligrosas de la ciudad. En algunas zonas, no me atrevía ni a llevar a Ester. La comunidad Gardênia Azul, en la llanura de Jacarepaguá, por ejemplo, era foco continuo de nuestra acción de fe. Sus casas de palo a pique conformaban un escenario triste y cruel de nuestra sociedad injusta.

Yo repartía prospectos, ayudaba a los enfermos y congregaba desempleados, ancianos, mujeres y niños para un corro de oración en el centro comunitario. Recorría los senderos de madera, a metro y medio del piso, en medio a la suciedad del alcantarillado y la basura industrial, para invitar a los vecinos a conocer la Cruzada. El sitio era escenario incesante de tiroteos entre policías y traficantes o entre facciones criminales en la disputa por los puntos de venta de drogas. Todos siempre me respetaban. Muchos llegaban a solicitar protección contra la guerra del crimen o el libramiento del submundo de la violencia. Samuel Coutinho era el único que solía acompañarme.

En Cidade de Deus [Ciudad de Dios], el mismo éxito en la atención a los desvalidos. Con menos de veinte años de existencia, formada sobre la base de la política de remoción de favelas de otras áreas de Río, en la época del antiguo estado de Guanabara, Cidade de Deus era un nombre pomposo y atractivo para nuevos vecinos. Pero de Dios aquella "ciudad" no tenía nada. Sólo gente con esperanza de una vida mejor.

Yo seguía trabajando firme y dedicándome como evangelista en los intervalos durante la semana y a jornada completa los fines de semana. Debía sustentar mi casa. Además de mi trabajo en la lotería, pasé a impartir clases particulares de matemáticas. Ester seguía en Nueva Vida, pero ya me acompañaba en algunas reuniones concretas.

En la zona norte, el ministerio de Romildo Soares no evolucionaba y yo aprovechaba las oportunidades para acumular experiencia y ganar almas. Realicé varios cultos, aunque sin saber predicar o ministrar la liberación espiritual. Soares solía desistir de las reuniones debido a la baja cantidad de frecuentadores.

En aquel tiempo funcionaba así: alquilábamos un cine por unas horas, en un determinado período de días de la semana, para realizar reuniones especiales, las llamadas "Campañas de Fe". El valor del alquiler no era barato. Con la locación firmada, salíamos a las calles de la vecindad invitando al pueblo a los cultos. Si lográbamos llenar el cine, el trabajo proseguía. En caso contrario, buscábamos otro cine en otra zona de la ciudad.

Así fue en el ex cine pornográfico São José, en la plaza Tiradentes, zona central de Río. Aunque con una apuesta más grande: Soares decidió costear la primera campaña publicitaria de radio para llenar el culto. Gastó de su propio bolsillo lo equivalente a cinco mil reales en moneda de hoy, una fortuna para quien hasta entonces no poseía estabilidad financiera. Encomendó cientos de prospectos, que yo repartí por prácticamente todas las calles de la zona. Fui de casa en casa reforzando la invitación. El día de la reunión, la decepción: el evento no congregó ni siquiera cuarenta personas. Al acercarme al púlpito, vi congoja en el gesto de mi cuñado. Las reuniones siguientes las realizaba yo, siempre con esa cantidad menguada de fieles.

En el Cine Méier, la escena se repitió. La primera concentración no congregó cien personas, y Soares otra vez se sintió desalentado. Me hice responsable de los encuentros para veinte, treinta personas durante largo tiempo. En la ciudad de Río Bonito, interior fluminense, cercano a Niterói, la misma situación. Lo difícil era viajar tres horas para hacer reuniones los sábados para, como mucho, veinte fieles.

En todos esos lugares siempre di lo mejor de mí. En el Cine Bruni Piedade, por ejemplo, la reunión estaba casi vacía, pero, en mi visión, ya era la imagen de un templo atiborrado con miles de personas. Yo oraba, cantaba y transmitía fe con el máximo vigor. Quienes me veían predicando no podían creer el esfuerzo que hacía para una cantidad tan reducida de gente. No me importaba. Deseaba dar lo mejor a mi Dios. Deseaba salvar personas para Jesús. Yo veía lo invisible porque siempre creí en el significado de creer. "Ahora bien, la fe es la certeza de lo que se espera, la convicción de lo que no se ve" (Hebreos 11.1).

En los cultos que congregaban más gente, siempre impartidos por Soares y Samuel Coutinho, yo buscaba auxiliar lo máximo posible. Antes de las reuniones, como era costumbre, yo repartía invitaciones bajo sol o lluvia.

Minutos antes del principio de la reunión, la consigna era ejecutar siempre el mismo ritual. No podía fallar. Yo saludaba al público al micrófono y, con pompas, al sonido de una música instrumental de fondo, anunciaba quien subiría al altar.

—¡Buenas noches, pueblo de Dios! ¡En pocos minutos recibiremos la oración del gran hombre de Dios, misionero R. R. Soares! ¡Aguarden!

Un trío de músicos tocaba acompañando a una fiel de la Cruzada. Se interrumpían los coros cuando yo empezaba a anunciar "los grandes misioneros".

—En instantes, la oración de fe y la manifestación de poder de uno de los ministros del Evangelio más respetados de Río de Janeiro: ¡el misionero Samuel Coutinho! ¡Aguarden!

Y pedía aplausos. Algunos me hacían caso.

En retrospectiva, no hay como dejar de obtener aprendizajes de aquellos momentos vividos como evangelista. Sin dudas, se convirtieron, para mí, en una de las costumbres más reprobables del medio evangélico. Yo obedecía porque era siervo, un mero colaborador, aunque nunca lo vi de forma positiva. A fin de cuentas, ellos eran pastores consagrados y yo no me creía con derecho de cuestionar hombres ungidos.

La vanidad entre los predicadores, sobre todo los más tradicionales, es desmedida, por veces descontrolada. La oración del rey David es conclusiva: "Tuya es, oh Señor, la grandeza y el poder y la gloria y la victoria y la majestad, en verdad, todo lo que hay en los cielos y en la tierra; tuyo es el dominio, oh Señor, y tú te exaltas como soberano sobre todo" (1 Crónicas 29.11). Y David dijo más: "De ti proceden la riqueza y el honor; tú reinas sobre todo y en tu mano están el poder y la fortaleza, y en tu mano está engrandecer y fortalecer a todos" (1 Crónicas 29.12).

¿Es necesario algún comentario más?

EL SÍ DE DIOS

La Iglesia de más éxito de la Cruzada del Camino Eterno era en verdad la de Samuel Coutinho, en Jacarepaguá. Él se hizo famoso por vender fideos y biscochos con el uso de una Kombi. A cada uno o dos meses, yo solía llevar en mi Volkswagen algunas ancianas del Cine Méier — las pocas fieles de los cultos que quedaban para mí — para que se bautizaran en Jacarepaguá. El día de más movimiento congregaba, como máximo, seis señoras, mientras el templo de Coutinho se llenaba con más de ochocientas personas.

En las noches de viernes, invariablemente, se realizaba una reunión con pastores y sus esposas y algunos evangelistas más antiguos en la residencia del presidente de la Iglesia. En uno de esos encuentros, hacia las diez de la noche, después de saludar a todos, yo y Ester buscamos un rincón de la sala para oír la orientación pastoral de Samuel Coutinho. Llegamos ansiosos por el mensaje de fe porque, aunque con un trabajo espiritual de alcance limitado, vivíamos la motivación de participar en la lucha por las vidas perdidas.

Extrañamente, mal inició el encuentro, Coutinho fue rotundo conmigo. Fijó sus ojos en los míos y fue directo:

—Oye, Edir, necesito decirte algo. Joven, creo que tú no tienes vocación para hacer la obra de Dios.

Un silencio incómodo invadió la sala.

—Creo que te debes mantener en tu trabajo, allí en la lotería, ganando tu pan. ¡Tú no tienes vocación, joven! —prosiguió rudo.

Yo compartía con los demás pastores, obreros y auxiliares mi entusiasmo por realizar un ensueño antiguo: abandonar mi empleo para dedicarme totalmente a la obra de Dios.

—En fin: voy a sacarte el Cine Bruni Piedade y poner mi banda allí para dar un vuelco. Vamos a poner canciones, oración fuerte y vamos a llenarlo de gente —dictaminó con dureza—. Comprendes, Edir? No hay nada que hacer. Tú no tienes vocación —insistió.

Yo le contesté:

—Muy bien, pastor. Yo sé lo que está en mi interior.

—Tú lo único que tienes allí son viejitas, Edir —dijo riéndose a carcajadas de burla.

Sus palabras sonaron como una bomba en mí. Delante de todos, mi pasión por las almas era violada. Mi dolor no se debía al hecho de perder el trabajo especial que hacía, sino que me consideraran sin condiciones de ganar almas. Me dolió demasiado.

Pero el Espíritu Santo me tocó fuerte en ese día.

Flashes pasaban por mi cabeza como una película. Volvieron las mismas preguntas. ¿Cuándo alguien va a creer en mi talento y en mi disposición? ¿Justo ahora, a pocos pasos de mi ensueño, todo perdido otra vez? Mi encuentro con Dios. El bautismo con el aliento divino. Los dieciséis capítulos de Marcos. El entusiasmo efímero. La nube pasajera. La negativa de la Casa de la Bendición. Viviane, bebé, en mis brazos. Los puñetazos de rabia. El llamamiento del Espíritu Santo no podía ser una mentira. ¿Y la rebeldía de la fe? ¿Y el verdadero fuego que me incendiaba el espíritu? ¿Y la pasión por las almas?

"Dios mío, yo sólo deseo servirlo. Una oportunidad. Una oportunidad", pensaba. "Un sí. ¿Quién me daría un sí?"

Durante toda mi trayectoria, los únicos "sí" que había oído eran los de mi saudosa madre y de mi fiel e inseparable esposa. Siempre he sido amado y considerado por mis familiares, pero, aparte de ellos, era rechazado por todo y por todos, incluso por quienes yo más respetaba dentro de la Iglesia. Comprendo bien el significado de la palabra rechazo.

Ello me hizo comprender aún mejor los rechazados de este mundo cruel. Con mi Señor tampoco fue distinto. El profeta Isaías retrata bien la situación del Hijo de Dios ante el mundo. "Fue despreciado y desechado de los hombres, varón de dolores y experimentado en aflicción; y como uno de quien los hombres esconden el rostro, fue despreciado, y no le estimamos" (Isaías 53.3).

Poco a poco, comprendí que jamás podría ser débil, blando o acomodado si quisiera seguir las huellas de Jesús. Ni mucho menos simplemente abrazar una buena idea; debía sacrificarme a cada paso. Ese "no" era nuestro pan de amargura de cada día. Además de mi mamá y de Ester, ¿habría alguien capaz de darme un único voto de confianza?

El sí provino de Dios.

Lo único que me animaba era una palabra de la Biblia, esta vez un fragmento de la carta del apóstol Pablo a la Iglesia de Corintios: "sino que Dios ha escogido lo necio del mundo, para avergonzar a los sabios; y Dios ha escogido lo débil del mundo, para avergonzar a lo que es fuerte; y lo vil y despreciado del mundo ha escogido Dios; lo que no es, para anular lo que es" (1 Corintios 1.27-28).

Las palabras de Samuel Coutinho fueron tan agresivas y humillantes que incomodaron a los presentes. Se hizo un silencio sepulcral en la sala. Hasta los niños se callaron. El ambiente se volvió tenso e incómodo. Aunque no era un predicador consagrado, yo era muy respetado por los demás auxiliares y obreros. Brindaba siempre una palabra de fe que muchas veces ayudaba a quienes conversaban conmigo en momentos difíciles.

El mismo Samuel se dio cuenta de su intolerancia y en seguida trató de restar importancia al hecho:

—Ahora bien, vamos a orar. Vamos a hablar con Dios.

Cada cual se fue a un rincón. Había cerca de treinta personas en la reunión. Yo me acerqué a una pequeña mesa en el medio de la sala, hinqué rodilla e inicié mi súplica. En verdad, no sabía cómo iniciar la oración con semejante dolor que sentía. De las profundidades de mi alma, sólo dije:

—Padre mío... Padre mío...

Me doblaba de dolor. Un dolor interior.

—¡Padre mío! ¡Padre mío!

Fue algo diferente de todo lo que ya había vivido. Simplemente pronunciar "Padre mío" en oración tiene un sentido, pero, en aquel estado de espíritu, en el fondo del pozo de mi ser, estas dos palabras ganaron un poder so-brenatural. El confort del cielo me domeñó.

—¡Padre mío! —repetía, esta vez, alegre.

Fue tan fuerte consuelo que me empecé a reír, y, en se-guida, carcajas, mientras incrementaba el tono de mi voz repitiendo los mismos términos.

—¡Padre mío! ¡Padre mío!

Todos cesaron de orar y me miraban preguntándose qué me pasaba. Resulta muy difícil olvidar aquellos momentos, así como explicar el placer que me domeñó. Menos cuan-do acudo a la orientación que le brindó el Espíritu Santo al apóstol Pablo: "Por eso me complazco en las debilidades, en insultos, en privaciones, en persecuciones y en angustias por amor a Cristo; porque cuando soy débil, entonces soy fuerte" (2 Corintios 12.10).

Mi placer no se limitaba a una emoción fuerte o a una alegría momentánea. Era algo que iba más allá. El goce no era del alma, sino del espíritu. Si fuera del alma, desde luego yo saltaría, bai-laría, cantaría, en fin, expresaría alegría en mi ser físico. Pero no era así. Aquel momento fue marcado por una intensa y sublime paz de espíritu. El Espíritu de Dios se puso en comunicación con mi espíritu y lo sosegó definitivamente. ¡Qué maravilla!

En este exacto instante, mientras recuerdo y escribo lo que ocurrió en aquella noche, lágrimas de alegría me inundan el ser.

Yo recibía el toque del propio Dios. José fue amonestado por su padre y sus hermanos porque tuvo un sueño divino: "Tuvo aún otro sueño, y lo contó a sus hermanos, diciendo: He aquí, he tenido aún otro sueño; y he aquí, el sol, la luna y once estre-llas se inclinaban ante mí" (Génesis 37.9).

La reunión de aquel viernes terminó con una experiencia inédita.

Y yo seguí como evangelista luchando por socorrer más vidas en el Cine Bruni Méier.

Poco tiempo después, surgió una novedad: como conocía a los propietarios de la cadena de cines, Soares en seguida consiguió un nuevo espacio para nuestro trabajo: el diminuto Cine Ridan, en el barrio de Abolição, también en la zona norte de Río. Yo permanecí en Méier los miércoles, viernes y domingos, y los demás días de la semana auxiliaba en las misiones de Ridan. Aún así, el trabajo no evolucionaba, contaba siempre con poca gente. Hasta un día, cuando Soares llegó con lo que parecía ser una nueva perspectiva.

—Edir, logramos alquilar el Ridan totalmente para nosotros —aseguró exultante—. Ya fue todo tratado con el dueño. Vamos a fijar nuestra Iglesia allí.

Pasamos días poniendo las manos en la masa para la limpieza del salón. Desinfectamos los baños, enjuagamos retretes y lavabos, fregamos el piso y los sillones. El cine quedó una joya. En el momento decisivo, a punto de entregar el lugar en definitiva, el dueño dio marcha atrás. No hubo más remedio que mantener los cultos en el Cine Méier.

Para impulsar las reuniones, organicé predicaciones con día y horario marcados en el templete de la principal plaza del barrio: todas las tardes de sábado. El trabajo era breve y objetivo. Congregaba las personas, anunciaba el poder de Jesús, cantaba un himno tradicional y clamaba por milagros. Yo

mismo transportaba el equipo de sonido en mi coche. La canción animada y de fe, auténtica oración cantada, acompañada
por los acordes de un pequeño órgano, llamaba la atención.

Se as águas do mar da vida quiserem te afogar,
segura na mão de Deus e vai.
Se as tristezas desta vida quiserem te sufocar,
segura na mão de Deus e vai.
Segura na mão de Deus, segura na mão de Deus,
pois ela, ela te sustentará.
Não temas, segue adiante e não olhes para trás,
mas segura na mão de Deus e vai.
Se a jornada é pesada e te cansas na caminhada,
segura na mão de Deus e vai.
Orando, jejuando, confiando e confessando,
segura na mão de Deus e vai.
O Espírito do Senhor sempre te revestirá,
segura na mão de Deus e vai.
Jesus Cristo prometeu que jamais te deixará,
segura na mão de Deus e vai.[10]

Quien pasaba por el templete sabía que algo diferente
ocurría allí. Aunque sólo como evangelista, sin experien-

---

[10] *Si las aguas del mar de la vida quieren ahogarte, toma la mano de Dios y ve. /*
Si las tristezas de esta vida te quieren sofocar, toma la mano de Dios y ve. / Toma
la mano de Dios, toma la mano de Dios, pues ella, ella te sustentará. / No temas,
sigue adelante y no mires para atrás, pero toma la mano de Dios y ve. / Si la jor-
nada es pesada y te cansas en la caminata, toma la mano de Dios y ve. / Rezando,
ayunando, confiando y confesando, toma la mano de Dios y ve. / El Espíritu del
Señor siempre te revestirá, toma la mano de Dios y ve. / Jesucristo prometió que
jamás te dejará, toma la mano de Dios y ve. (N. de la T.)

cia con los métodos de liberación espiritual, yo osaba dictaminar la expulsión de espíritus malignos de la vida de aquellos que me oían. La curiosidad era general. Yo entrevistaba al demonio antes de ponerlo de rodillas y echarlo. Un joven siempre se manifestaba en esos rezos fuertes y me ensuciaba de pies a cabeza.

El templete era inmundo y despedía un olor insoportable a orina. Aún así, yo me mantenía parado y proseguía la rápida reunión con una enseñanza del Evangelio. Hablaba siempre de la salvación y oraba por quienes deseaban aceptar a Jesús. Al final, repartía invitaciones a los cultos en los cines. Cinco, diez, quince, hasta treinta personas pasaron a acompañar fielmente mis predicaciones a cielo abierto. Sábado tras sábado, era posible ver un ligero progreso.

Humilde, el trabajo en el templete difundió semillas que dan frutos hasta hoy. Recuerdo dos señoras, hermanas viudas, temedoras de Dios, que siguieron con nosotros a las reuniones del Cine Méier y que entregaban sus diezmos siempre con billetes nuevos y delicadamente perfumados con talco en el sobre. Cuanto más sencillo el trabajo, más grande es el poder y la subordinación a Dios. Y el resultado, como esperado: más grande la acción del Espíritu Santo. Es lo que más busco en la Iglesia actualmente: sencillez, la esencia de la obra de Dios.

Aún hoy, de tiempos en tiempos, encuentro personas, por lo general ancianas, que me cuentan cómo fueron salvadas por una palabra oída en aquel inmundo y maloliente templete. Mensajes que el tiempo borró de mi memoria, pero que cambiaron la historia de mucha gente. Gente que no encontré otra vez y que, quizá, no encontraré nunca más por el resto de mi vida. Almas conquistadas para el Reino de Dios. Del templete salieron miembros y obreros fieles, de los cuales muchos ya se fueron de este mundo, e incluso pastores y obispos de la Iglesia Universal. Hombres y mujeres nacidos del Espíritu que se multiplicaron por todo el mundo.

Hubo tanta salvación en aquel tiempo como hay en días de hoy. ¿La recompensa? El privilegio de servir a Dios Altísimo.

Y fue en el templete que surgió otro personaje indispensable para la aparición de la Iglesia Universal.

SIEMPRE SOSPECHOSO

Cierto día, inconformado como siempre vivía, tropecé con uno de los primeros participantes en los movimientos de fe en el templete de Méier. Albino Silva da Costa, más conocido como don Albino, era un metalúrgico de clase media de la zona norte de Río, en esa época con cincuenta y tres años, atormentado por graves problemas con toda su familia. Su mujer, Maria Veronese da Silva, llamada sólo doña María, también carioca tradicional de aquella zona de la ciudad, padecía como rehén de los espíritus malignos desde su juventud.

Vivía dopada a base de calmantes fuertes, se desmayaba sin previo aviso y sin explicación médica, y con depresión crónica, pasaba meses sin abandonar la cama. Contaba cuarenta y cinco años, pero aparentaba mucho más edad. Sus hijas, las estudiantes Alba y Rosalba, también padecían opresión y vacío interior. Era una familia sufrida que acudió al socorro de Dios en las reuniones del templete, y luego en las campañas de Cine Méier y Ridan.

La agonía de don Albino era tanta que día y noche acudía a mí en busca de ayuda urgente. Cierta madrugada, fui llamado a toda prisa porque doña María se había desmayado repentinamente y prácticamente no presentaba más señales vitales. Parecía muerta. Encontré la mujer estática en la cama mientras todos nos miraban a mí y a ella. Les pregunté qué había sucedido.

—Su boca está hendida —observó Alba, afligida.

La escena era espantosa.

Puse mis manos sobre su cabeza y oré con determinación. Ninguna respuesta. Doña María seguía estática sin esbozar movimiento. Oré otra vez y nada.

—Ella sigue toda dura, no se mueve —dijo don Albino.

En ese momento, por la dirección del Espíritu de Dios, yo recordé al profeta Eliseo que se tendió sobre una niña muerta y le pasó Espíritu. "Y entrando, cerró la puerta tras ambos y oró al Señor. Entonces subió y se acostó sobre el niño, y puso la boca sobre su boca, los ojos sobre sus ojos y las manos sobre sus manos, y se tendió sobre él; y la carne del niño entró en calor." (2 Reyes 4.33-35).

—Voy a hacer algo que nunca hice, pero en lo que tengo fe —comuniqué de pronto—. Con su permiso, don Albino.

De repente, me subí a la cama y me acosté sobre doña María. El demonio no lo soportó y se manifestó de una manera que yo no había nunca visto. Procedí a un arduo trabajo de liberación; eran espíritus de actuación pesada. Luego doña María volvió a sí sin saber lo que había pasado en las últimas horas.

Esta es sólo una de las anécdotas en el combate al infierno en el principio de mi trayectoria como siervo de Dios. Voy a revelar, en detalle, otras experiencias memorables en la guerra contra las entidades del mal en nuestro segundo libro de memorias.

La gratitud por el apoyo espiritual fue tanta que don Albino se convirtió en mi compañero y socio para nuevas realizaciones. Desenfadado, después de uno de los cultos, en una charla en Méier, le comenté sobre un importante paso que soñaba dar en mi ministerio.

—Oye, don Albino... Despacito, despacito, gracias a Dios, mucha gente nos está buscando —evalué aún tratando de deshacer el nudo de mi corbata—. Yo realmente necesito abrir una Iglesia. Vea usted... cuando la gente llega a la reunión, el cine está todo sucio, asqueroso. Necesito darles lo mejor a esas personas.

—Voy a salir a buscar un sitio, Edir, y ver lo que encuentro —contestó don Albino.

Días después, me buscó animado.

—¡Edir, Edir! Vi un anuncio aquí en Abolição ofreciendo una antigua funeraria para alquilar. Parece ser un lugar muy bueno. ¿No te gustaría ir a verlo conmigo?

Al entrar en el galpón, mi rostro brillaba. Parecía contemplar el futuro. Me veía predicando en el altar, los asientos de madera atiborrados, los milagros multiplicándose. Curaciones, liberación, fe, indignación, salvación. Vidas rescatadas de la oscuridad. Aquel era el sitio.

—Ah, don Albino... —suspiré recorriendo con los ojos cada detalle del inmueble, todavía sucio y en desorden—. ¡Es exactamente lo que quiero!

—Yo puedo alquilar el salón, Edir. Ya hablé con el dueño, traté el valor, está todo arreglado —me contó antes de revelar nuestro próximo reto—. Pero hay un problema. No tenemos garante. Mi casa todavía no está liquidada, sino pondría mi nombre sin titubear.

El alquiler era alto: 9.530 cruzeiros, la moneda de aquella época. No le autoricé regatear para no correr el riesgo de perder el inmueble. Estaba obstinado con firmar aquel contrato. Pero, ¿cómo conseguir un garante? ¿Quién se fiaría de un joven predicador de treinta y dos años? ¿Quién podría creer que de allí surgiría una Iglesia capaz de honrar sus compromisos financieros sin atrasos u órdenes de desalojamiento? ¿Quién podría creer en la realización de mi sueño? ¿Quién podría creer en la promesa de Dios para mi vida?

Abandoné la antigua funeraria pensando al ritmo de una locomotora. Y en seguida llegó una dirección. "Ya lo tengo. ¡Mi mamá, claro!", me dije.

Mi gran momento estaba próximo de ocurrir. Con el alquiler firmado, pasaría a dedicar mi tiempo integral a la nueva Iglesia. Estaba decidido: finalmente, iba a dimitirme. Debía, sin embargo, renunciar a un sueldo razonable y a la estabilidad de dieciséis años como funcionario público. Para familias humildes como la nuestra, el empleo de servidor del Estado representaba la garantía de una vida libre del fantasma del desempleo.

Empecé de abajo. Ascendí peldaño a peldaño, de *office-boy* a jefe de la tesorería. Esa carrera me aseguró beneficios como más tiempo de vacaciones, continuas excedencias y aumentos periódicos de sueldo. Recibí del Estado un diploma por buenos servicios prestados cuando completé diez años de lotería. Pero, como le había prometido a Dios dos años antes, el día del nacimiento de Viviane, yo finalmente abandonaría todo para predicar el Evangelio. Los puñetazos de rabia en la cama habían plasmado mi rebeldía de fe.

Había llegado mi turno.

A toda prisa fui a hacerle la petición de garantia a doña Geninha. Solos, únicamente ella y yo, le expliqué como sería todo. Lo único que hacía era oírme y asentir a cada palabra. Yo sabía que ella lo aceptaría desde el principio. Una madre es una madre.

—Está bien, mi hijo. Tengo fe en ti —manifestó—. Sólo quiero pedirte una cosa, cariño. Cuida que no pierdan el seguro de salud. Viviane lo necesita mucho.

Ella tenía razón. Mi trabajo en la lotería nos garantizaba atención médica completa a mí y a mi familia, sobre todo para la pequeña Viviane. Ella contaba con sólo dos años y aún necesitaba realizar varias cirugías en la boca, además del tratamiento con fármacos caros y el acompañamiento ininterrumpido de expertos. Yo no tenía posibilidad de pagar esa factura. Y sin sueldo, no sabría qué hacer. Pero no titubeé.

—No te preocupes, mamá. Dios me va a ayudar —garanticé agradeciéndole el voto de confianza con un beso cariñoso y un abrazo apretado.

Yo creía de hecho. La carga de responsabilidades sobre mis hombros pesaba toneladas. Pero no hice muchos cálculos. Fue una corazonada, un relámpago de fe que me hizo actuar sin vacilar. Tanto que el compromiso con el valor del alquiler no me incomodaba. Una confianza irrestricta me empujaba.

Mi mamá dio como garantía en el contrato de locación su único apartamento, ubicado en Largo da Gloria. El acuerdo imponía una serie de exigencias. A pocos días de la firma, mi cuñado R. R. Soares intentó que mi mamá desistiera.

—Doña Geninha, no lo haga. Es una locura. Su hijo no va a poder pagar. Usted va a perder el apartamento, no lo haga —dijo Soares completamente descreído—. Revisé el contrato en detalle. Si Edir deja de pagar por sólo tres meses, ellos le sacan el inmueble a usted.

Soares no creía en mi sueño, a pesar que hacíamos la obra de Dios juntos. Y no era el único. A excepción de Ester y mi mamá, muchos dudaron. Para todos yo tenía pegada en la frente una franja negra con la inscripción: "sospechoso".

—No, Romildo. Voy a firmarlo. Yo tengo fe en Edir —aseguró doña Geninha.

Mi mamá, de hecho, no desistió. El contrato de alquiler de la funeraria estaba firmado.

Fin de la división

Mi próximo paso fue dimitirme de la lotería. Otra vez, nuevos consejos de incertidumbre y temor. Amigos y familiares se empeñaban en hacerme abandonar la idea, argumentando que cambiaba lo cierto por lo dudoso. Alegaban que debía tener paciencia, aguardar que todo se definiera mejor y no perder la seguridad del empleo, empeñando el apartamento de mi propia madre y con una hija pequeña que dependía de tratamientos médicos que costeaba el Estado por medio de mi seguro de salud.

Me tapé los oídos y tomé la decisión solo. Ni Ester supo el exacto momento que renuncié. Actué sólo. El coraje para proceder de esa manera no provino de mí, sino de la dirección y la fuerza del Espíritu Santo. Mi palabra era deuda. Le recordé a Dios mi promesa y le cobré la suya. Fue fe pura, sin emoción. Fe definida. Yo y Dios. Yo puse a prueba al Señor Dios y él me puso a prueba.

—Ahora es el momento. ¡O todo o nada! —le dije al Espíritu Santo pocos segundos antes de entrar en el sector de recursos humanos y firmar mi carta de dimisión.

No tenía mucho que orar. La actitud la había tomado. Más que nunca, estaba en manos de Dios. Me llamaron loco, irresponsable e inconsecuente muchas veces tras mi salida de la lotería. Decían que ponía en riesgo mi futuro. Pero proseguí firme en mi creencia.

La actitud contraria de Romildo Soares sería un prenuncio de lo que ocurriría en el futuro. No era posible que repartiéramos el liderazgo de una misma Iglesia. Él pensaba de modo distinto al mío. No es que tal hecho me hace creer que yo estaba en lo cierto o equivocado, sino simplemente que yo tenía una comprensión distinta. Esa es mi fe y sigo adelante guiado por ella. Ningún cuerpo subsiste con dos cabezas. Era necesaria una definición. La fe inteligente exige definición.

Empezamos la Iglesia Universal juntos, pero, a comienzo de 1980, cuando me trasladé a Estados Unidos con el objetivo de predicar la Palabra de Dios, las dificultades fueron en aumento. Yo estaba en Nueva York por invitación de una familia de portugueses que había conocido en el barrio de Abolição, en Río. Ellos acudían a nuestra Iglesia y se habían trasladado recientemente de Estados Unidos a Brasil, pero deseaban regresar para allí.

En seguida vi una oportunidad de difundir el Evangelio por el mundo a partir de una de las más influyentes metrópolis del planeta. Me trasladé a Nueva York con el apoyo del padre y las hijas portuguesas, que tenían un dominio completo del idioma inglés y conocían muy bien la ciudad. Programé el principio del trabajo evangélico en una asociación de ex soldados de guerra en Mount Vernon, a media hora al norte de la ciudad de Nueva York, pero tuve que regresar a toda prisa a Brasil.

El liderazgo de Soares, y, sobre todo, su administración espiritual estaban bajo cuestionamiento. Primero porque él había invitado numerosos pastores de otras iglesias para conformar la plantilla de predicadores de la Iglesia Universal. Ello contrariaba mis principios de fe. La mezcla con vino viejo vuelve agrio al nuevo. Tales "pastores importados" cargaban consigo una fe viciada en costumbres impropias a la fe inteligente. No funcionó, claro está. Segundo, porque, por mera ineficiencia de gestión, empezaban a faltar recursos financieros para honrar los compromisos de la Iglesia. Los empleados del sector administrativo me llamaban a Nueva York quejándose de la falta de condiciones para pagar alquileres y otros costes.

Y el tercer punto de crisis surgió porque la predicación pasó a ser muy personalizada, con centralización extrema en la imagen del "Misionero R. R. Soares". Él realizaba sólo los cultos con salón lleno y se alejaba de la atención al pueblo en el calor humano de todos los días. Todo lo que yo no hacía antes de irme a Estados Unidos pasaba a suceder en Río.

No tuve opción. Volví. Ester y las niñas ya se habían venido antes a Brasil. Interrumpí el acuerdo de mantener mi ministerio en funcionamiento en Nueva York y empaqué mis cosas. Ya no era posible compartir con Soares el liderazgo de la Iglesia. En el avión de vuelta a casa, pensé en la conversación con mi cuñado, días antes de la inauguración de la Iglesia Universal, cuando decidimos repartir responsabilidades.

—Soares, vamos a formar una Iglesia nueva que transmita vida y fe al pueblo como nunca antes. Vamos a abrir las puertas de un sitio que transforme la gente de verdad —le dije, motivado. —Tú puedes ser el presidente, y yo, el vice —invité.

—Yo no nací para ser cola, nací para ser cabeza. Yo no nací para que me ordenen, nací para ordenar —contestó secamente.

—No me importa. Yo quiero ganar almas —repliqué.

Oficialmente, en el acta de la Iglesia, Romildo Soares era el primer secretario, y yo, el segundo. Pero existía un acuerdo tácito de que nada se podría hacer sin la anuencia de ambas partes. Hoy, mirando hacia atrás, recuerdo que, en toda mi trayectoria de fe, nunca pensé en ser "jefe" o "líder" de nada, ni mucho menos propietario de emisora de televisión para disfrutar de un puesto de mando. Siempre deseé ganar almas. Ganar almas para el Reino de Dios ha sido, es y siempre será mi obstinación. No me importan en absoluto puestos, posiciones y ese género de cosas. Y, curiosamente, Dios puso sobre mis hombros responsabilidades jamás imaginadas.

Al desembarcar en Río, busqué a Soares para decidir nuestro futuro. De manera respetuosa, departimos sobre los sucesos recientes.

—Edir, lo único que quiero es crecer rápido —argumentó.

—Pero así no es posible, Soares. El pueblo está insatisfecho con las reuniones. No se puede importar pastores para hacer la obra. La gente de afuera viene llena de vicios de predicación. Los pastores tienen que nacer de nuestro medio, formarse con el Espíritu Santo en el seno de la Iglesia.

—No estoy de acuerdo, Edir —porfió.

—Pues no podemos seguir juntos. Vamos a organizar una votación para decidir quién se queda. Si te eligen, yo me someto con una condición: el apoyo de la Iglesia a la obra misionera en Nueva York. Y lo mismo para ti. Si me escogen, la Iglesia te dará apoyo en tu trabajo evangélico —zanjé la conversación, con la anuencia de Soares.

Convocamos a los quince pastores para una asamblea excepcional para decidir el nuevo liderazgo de la Iglesia Universal. La votación se celebró sábado, día 7 de junio de 1980, en el barrio de Abolição. El entonces pastor Renato Maduro procedió a la cuenta de los votos. El actual obispo Pablo Roberto Guimarães y el ex obispo Carlos Rodrigues también participaron en la elección. Yo acababa de celebrar el matrimonio de Paulo Roberto cuando corrimos a la votación.

Antes de iniciar el sufragio, oramos. En seguida, pedí que cada cual examinara a sí mismo y consultara con el Espíritu Santo para brindar su voto; al fin y al cabo, él nos fue enviado por el Señor Jesús para guiar a sus siervos.

Uno de los pastores recogió los papelitos con los votos. Renato Maduro leyó uno a uno los resultados:

—¡Pastor Macedo! —anunciaba con énfasis mostrándole el voto a Soares.

—Misionero Soares —leyó en tono más bajo.

—¡Pastor Macedo! ¡Pastor Macedo! ¡Pastor Macedo!

Resultado final: doce votos a mi favor y tres en contra. De ese día en adelante, Soares, profundamente decepcionado, se apartó de la Iglesia y se marchó a realizar su trabajo religioso con los derechos de autor de los libros del reverendo Thomas Lee Osborn.

Desde ese día, de forma provisional, aborté los planes de irme a Estados Unidos. Permanecí con mis compañeros dando continuidad a la construcción de la Iglesia Universal idealizada, bajo la instrucción del Espíritu Santo, desde las primeras predicaciones en el templete de Méier.

LOS MUERTOS DE LA FUNERARIA

Mañana de sábado, día 9 de julio de 1977. Avenida Suburbana, 7.248. El barrio carioca de Abolição amaneció agitado con el intenso ajetreo en el antiguo cobertizo de la funeraria. Coches aparcaban, vaivén de transeúntes en las aceras, ómnibus desembarcando a la gente en las paradas más cercanas. Era el primer culto de la Iglesia Universal del Reino de Dios.

Me desperté temprano, vestí mi mejor traje, preparé la Biblia y salí hacia la primera reunión de mi nuevo ministerio. Me sentía eufórico y feliz. Dios había atendido a mis súplicas. Fue un culto de liberación, curaciones y predicación de las enseñanzas para el logro de la vida eterna. Mi cabello y mi barba se veían mojados por el calor del salón cargado. Desde joven, yo seguía manteniendo el mismo aspecto, aunque pasara a ser un predicador. Yo era lo que era, y esta transparencia en mi modo de ser y actuar llamaba la atención de los que me conocían.

Días antes, pasamos las madrugadas tratando de lo mínimo necesario al funcionamiento del inmueble. Pintamos las paredes, raspamos el piso, arreglamos los baños, procedimos a una limpieza general. Los carpinteros contratados al costo de la mano de obra terminaban los últimos ajustes del altar y del púlpito. Los asientos de madera, comprados a plazo, estaban ubicados para recibir el nuevo público.

Como era práctica común desde el templete del jardín de Méier y las campañas en los cines alquilados en aquella zona, recorrimos las calles de Abolição y de las zonas vecinas repartiendo panfletos e invitaciones para el culto de inauguración.

Domingo, medité en Abraham, padre de la fe, uno de mis referentes más considerables de la Biblia. Él fue un idealista, como yo siempre traté de ser. Y abandonó todo en obediencia a la voz de Dios. Su llamamiento fue audible para quienes tienen oídos espirituales. "Y el Señor dijo a Abraham: Vete de tu tierra, de entre tus parientes y de la casa de tu padre, a la tierra que yo te mostraré. Haré de ti una nación grande, y te bendeciré, y engrandeceré tu nombre, y serás bendición." (Génesis 12.1-2).

El patriarca recibió la promesa de ser padre —el punto de origen— de una nación entera cuando, casado con la estéril Sara, ni siquiera podía generar un hijo. Y cuando llegaron los recelos y las dudas, Dios lo animó a Abraham con una imagen disponible hasta hoy para quienes tienen ojos espirituales. "Lo llevó fuera, y le dijo: Ahora mira al cielo y cuenta las estrellas, si te es posible contarlas. Y le dijo: Así será tu descendencia." (Génesis 15.5).

Mi historia seguía el ejemplo de Abraham. Cuántas veces como evangelista, e incluso antes, desde mi nuevo nacimiento, en Río de Janeiro, yo abría la ventana de casa por las noches y observaba las mismas estrellas vistas por Abraham. Ellas se mantienen firmes en el cielo, no sólo para que las admiremos, sino, sobre todo, para que atestigüen como la Palabra del Dios de Abraham se cumple hoy, de la misma forma como se cumplió en el pasado.

Yo me había arriesgado al abandonar todo para seguir la voz de Dios. Luchaba por ser visionario así como fue Abraham. Y vislumbro hasta hoy esa saga idealista. El visionario tiene nuevas ideas y despliega nuevos horizontes. La propia filosofía moderna, en parte de sus doctrinas, define al idealismo como una teoría según la cual el mundo material se puede comprender de forma plena únicamente sobre la base de su verdad espiritual. El idealista utiliza su capacidad de inteligencia para realizar.

Del sábado de la apertura de la Iglesia Universal a la actualidad, este es y siempre será mi sino y mi mayor legado. Así como Abraham, debemos utilizar la fe inteligente, asimilada en la mente, para lograr las promesas de Dios. Fue ese idealismo conducido por el Espíritu Santo que pasó a atraer, semana tras semana, una sorprendente muchedumbre al antiguo salón de la funeraria. No tardó mucho para que la Iglesia se hiciera pequeña, tanta era la cantidad de fieles.

Pese a tanta humillación sufrida, yo me mantenía unido a la Cruzada del Camino Eterno liderada por Samuel Coutinho y Romildo Soares. Coutinho seguía como presidente, pero ambos ya mostraban claras señales de disidencia. Me sentí preocupado con malgastar todo el esfuerzo aplicado en el edificio de la funeraria en una posible disputa futura, y en el documento oficial registré la institución como Iglesia de la Bendición. Pero yo y los miembros de ese tiempo ya vivíamos los primeros días de la Iglesia Universal.

En una noche de viernes, Coutinho surgió sin previo aviso en la Iglesia, acompañado de tres ayudantes más.

—Edir, ¡esta Iglesia es mía! Tú no la puedes administrar solo —me gritó.

Aunque su nombre constaba del estatuto de la fundación, Soares estaba ausente en aquel período. Estaba involucrado con negocios particulares y un trabajo misionero en San Pablo. Siquiera se imaginaba que Coutinho había invadido la ex funeraria para tomarnos la Iglesia. Fue la gota que colmó el vaso.

—Coutinho, tú sólo quieres la Iglesia porque está llena. Esta Iglesia es del pueblo, es de Dios, no la puedes tomar de nosotros —contesté mientras se congregaban obreros y evangelistas indignados con la actitud ofensiva del presidente de la Cruzada del Camino Eterno.

Hubo una amenaza de alboroto, hasta que Coutinho y sus compañeros abandonaron el barrio de Abolição. Allí se dio nuestra ruptura definitiva y oficial. La última vez que lo encontré a Samuel Coutinho, un par de años más tarde, fue en los rededores de la Radio Metropolitana, en Inhaúma. Cuando la Iglesia Universal pasó a alquilar horarios en la Metropolitana y a atraer muchedumbres, inmediatamente las demás iglesias corrieron a copiarnos.

—¡Tú me tomaste aquella Iglesia, Edir! —gritó otra vez al verme en el pasillo de la radio, empujándome con las manos y amenazándome con agresión física.

La funeraria, de hecho, marcó época. Fue allí también que fui consagrado pastor el día de mi cumpleaños, 18 de febrero de 1978. Yo completaba treinta y tres años. Don Albino fue quien me obsequió el traje que vestí en aquella ceremonia tan especial.

Una foto histórica, en blanco y negro, plasmó a Ester, a mí y a mis hijas al lado de la familia de don Albino al final del culto de mi consagración. Fue un momento inolvidable. Así como cuando el Espíritu Santo nos dio la inspiración de transmitir un mensaje claro y objetivo a las puertas y los altares de la Iglesia Universal.

—¿Por qué no poner una inscripción en el frente del edificio y en la pared del altar con el anuncio de nuestra creencia? —les pregunté a algunos de los obreros que se reunían conmigo en la funeraria.

"Jesucristo es el Señor" se convirtió en una frase símbolo de nuestro movimiento de fe. Pensé en cómo me había decepcionado al ver la soberbia del hombre en numerosas congregaciones e instituciones repletas de religiosidad. En muchos de esos lugares, observaba la placa clavada en la puerta del templo: "Iglesia tal construida para la gloria de Dios por el misionero tal". O sea, una gloria para Dios y otra para el fundador. Ello me provoca náuseas. Y era lo que me obligaban a tragar en las Iglesias Nueva Vida y Cruzada del Camino Eterno.

Decidí actuar diferente. Nada de obispo Macedo o cualquier otro obispo fundador en evidencia. En la Iglesia Universal, sólo Jesucristo es el Señor. Ello no significa falta de reconocimiento a los que nos ayudaron en el principio de esta trayectoria. Recuerdo con respeto y nostalgia a aquellos hombres y mujeres de fibra. Siempre les pido a los pastores atención espiritual especial a nuestras "joyas de la casa".

Miembros u obreros que brindaron su aportación de alguna manera, por sencilla que sea, para que la Iglesia sea lo que es hoy. Desde los que pintaban las paredes, fregaban los baños y donaban ventiladores, cortinas y adornos de flores hasta los que levantaban los asientos de madera, clavaban las primeras letras de la inscripción en el altar y oraban y atendían al pueblo. Todos han aportado un pequeño ladrillo en la obra de Dios.

Sabemos de las manos de Dios en todo ese trabajo y sólo por eso, únicamente por eso, llegamos adonde llegamos. Pero reconocer el esfuerzo de quienes nos apoyaron en nuestros primeros pasos es fundamental. Por esa razón, aprobé la idea de que un equipo de documentalistas, que prepara un programa especial sobre el Templo de Salomón, llevara a algunos de nuestros primeros colaboradores a conocer ese proyecto inédito en todo el mundo. Don Albino fue uno de los elegidos. Los periodistas me contaron sobre la gratitud y felicidad de don Albino al ver de cerca el templo, recordando, a la vez, más de tres décadas atrás, el día que encontró para alquilar el pequeño salón de la funeraria.

Seleccioné un pequeño fragmento de las grabaciones del reportero con don Albino en el terreno del templo de Salomón, en Brás, San Pablo.

Reportero: Don Albino, de 89 años, uno de los pioneros de la Iglesia Universal, vino de Río de Janeiro, donde vive, especialmente para conocer las obras del templo de Salomón. Por invitación nuestra, en este momento, es uno de los primeros fieles a conocer el sitio. ¿Qué le parece, don Albino? ¿Emocionado?

Albino: Es... realmente es algo fuera de serie... Increíble, es impresionante la grandiosidad del sitio. (Silencio, admirando las columnas laterales de 30 m de altura.) ¿Ustedes viajaron hasta Israel para inspirarse? (Pregunta al arquitecto responsable de la obra al observar la maqueta con la réplica del templo.)

Arquitecto: Sí. Estuvimos varias veces allí. Yo, por ejemplo, fui seis veces, pero, desafortunadamente, el templo no existe más. Hoy lo que queda del templo es el Muro de las Lamentaciones y algunas piedras. Desde luego, utilizaremos en el Templo de Salomón las mismas piedras que han sido utilizadas en el templo allí... Son las piedras de Hebrón, en Israel. La idea del obispo Edir Macedo fue traer un pedazo de Israel para acá para que cuando la gente toque las paredes, puedan orar. Un pedazo de Israel en Brasil.

Albino: Es de veras impresionante... ¿Va a ser la mayor Iglesia de Brasil?

Arquitecto: Creo que sí. En capacidad no es más grande que la Catedral de Del Castilho, en la avenida donde usted ayudó a empezar la Iglesia Universal, pero en espacio físico e importancia será única. Sobre todo porque no existe más el Templo de Salomón, lo único que queda es el Muro de las Lamentaciones. Vamos a dejar el ambiente lo más aproximado posible al templo original, aunque aquí será climatizado e iluminado. Nadie verá ductos de aire acondicionado, ni luminarias, pero los habrá.

Albino: ¡Madre mía! ¡Va a ser lindo! ¿Y cuándo estará listo?

Arquitecto: La previsión es mayo de 2014, aunque puede ser que se termine antes.

Reportero: ¿Cuántos recuerdos, no, don Albino? El principio fue muy distinto, ¿verdad?

Albino: Yo lo haría todo otra vez, siento mucha satisfacción... No me imaginaba que la Iglesia crecería tanto, de ninguna manera. Dios es muy grande. (Ojos húmedos, rozando las paredes de cemento, caminando con dificultad a causa de la obra del templo.)

El diálogo completo se podrá ver en Rede Record, en ese documentario preparado para el período de inauguración de la obra. Queda aquí mi agradecimiento especial y sincero a don Albino y a tantos anónimos que nos auxiliaron. Estoy seguro de que su recompensa mayor les está reservada en el cielo.

Lo más trascendente de ese período es ver el pasado y entender los motivos por los que la Iglesia Universal empezó su existencia, simbólicamente, en una funeraria. Imposible no recordar la reflexión del salmista sobre la vocación de Dios: "El levanta al pobre del polvo, y al necesitado saca del muladar, para sentarlos con príncipes, con los príncipes de su pueblo" (Salmo 113.7-8).

¿Cuántos muertos en espíritu han sido resucitados en el lugar en que se preparaban los cadáveres para el velorio y el sepelio? Como la profecía de Ezequiel, en el Valle de los Huesos Secos, así fue con la Iglesia Universal y conmigo en aquel ex salón de difuntos. "Así dice el Señor Dios a estos huesos: He aquí, haré entrar en vosotros espíritu, y viviréis" (Ezequiel 37.5).

El obispo Renato Maduro, uno de nuestros primeros obreros, fue otro de los huesos secos juntados por el poder de Dios. Llegó a la Iglesia Universal como a la funeraria. Literalmente. Era un hombre muerto por la incontrolable y devastadora drogadicción. Yo lo vi por vez primera al entrar en la Iglesia, y como un hermano, acompañé su penosa liberación y su crecimiento como hombre de Dios. Su muerte, el 12 de diciembre de 2010, me lo hizo recordar. Como a él, el Dios de la funeraria rescató a miles de personas en aquel humilde y remoto galpón. Maduro dedicó su vida a recuperar almas sufridas.

Padeció, luchó, gimió, sacrificó su juventud. Lo logró. Maduro murió sonriendo. ¿Adónde fue su alma?

Allí, en aquel instante, en la resurrección de los "muertos" de la funeraria, empezó la Iglesia Universal que hoy conocemos. Todo era minúsculo, demasiado pequeño cerca de tantas situaciones extraordinarias que viviríamos. Incontables batallas que nos pusieron entre la vida y la muerte, pero numerosos triunfos fuera de lo común. Cientos de países, miles de pastores, millones de obreros y miembros fieles. Una Iglesia latiendo fe y vida. Almas ganadas para el Reino de Dios.

MI TODO

Concluyo esta primera obra de mis memorias ya reservando para el próximo libro otros secretos espirituales jamás revelados de mi trayectoria, con un cuestionamiento: ¿Qué existe de más importante en este mundo después que alcancé el encuentro con Dios, recibí el Espíritu Santo y abdiqué mi vida integralmente en el altar? Nada más tiene valía, las cosas pierden sentido. Los valores que empujan a la gente a luchar hasta la muerte no tienen la más mínima importancia para mí. Pasaron a no significar nada en absoluto. Éxito, dinero, posición, status, reconocimiento, poder. Encontré un bien tan formidable que todo en esta Tierra pasó a ser insignificante.

Cierto día, en una entrevista, un reportero me preguntó cuál es mi secreto para tantas realizaciones. Pensando que le contestaría con una disertación filosófica o una tesis discursiva, se sorprendió con mi objetividad.

—Dar. Simplemente dar —repuse seco.

Tan sencilla, tan banal, tan común, pero extremadamente difícil de practicar, especialmente para quienes tienen el corazón preso a los principios que controlan la humanidad. Mi contestación no es más que la promesa hecha por el Señor Jesús: "Dad, y os será dado…" (Lucas 6.38). Desde mis días de lucha por la conversión aprendo esta lección a cada momento vivido. Es un aprendizaje renovado en cada nuevo amanecer: cuanto más damos, más recibimos. No existe otra llave.

Mi vida es un ejemplo real de ese sencillo y revolucionario concepto de éxito. Tengo responsabilidades que jamás podría imaginar en el pasado, desde la época de evangelista en los cines y en las plazas de Río de Janeiro, cuando, solemnemente, era obligado a anunciar la oratoria de pastores y misioneros con una vanidad anormal. Dedico 24 horas de mi rutina a la Iglesia y también a la grabación de mensajes de fe para las empresas de comunicación cuya única razón de existir es la divulgación de la Palabra de Dios. El trabajo espiritual se volvió tan robusto, con presencia múltiple y actuación tan amplia en tantos frentes, y en todo el planeta, que muchos no pueden creer la extrema sencillez con la que conduzco mi vida con Ester.

Esta es la vida del pastor de la Iglesia Universal. Como Juan Bautista, habitante solitario del desierto, que se alimentaba de langostas y miel silvestre y no poseía nada. O mejor, nada y todo a la vez, porque se mantenía fiel a Dios, predicando arrepentimiento y preparando la llegada del Señor Jesús, salvador de los hombres.

Así conduzco mi vida: "preso" en la Iglesia al servicio integral a nuestro Dios. Muchos incluso insisten en argumentar que tengo derecho a disfrutar los encantos y placeres de esta tierra, pero eso no me emociona. No me satisface el espíritu. Lo tengo todo, aunque no tengo nada. La Iglesia Universal, Rede Record, mi esposa, mis hijos, mi vida, en fin, nada me pertenece. Todo parece ser mío, pero, en verdad, es prestado.

Ahora es posible entender una oración que hice, en una noche de miércoles, día 5 de febrero de 2010, en Santo Amaro, San Pablo. Horas antes, había meditado sobre Manasés, rey de Judá, estadista comandante de una era de crímenes, hechos abominables y tantas otras perversidades. Manasés llegó a sacrificar sus propios hijos a los demonios para enfadar a Dios. Aún así, en la hora del suplicio y de la vergüenza, cuando se arrepintió y se humilló, el Señor oyó su voz, tamaña es Su misericordia.

Si Manasés fue recuperado, no existe ser humano irrecuperable. No existe situación imposible para Dios.

Mi querido Padre, yo soy padre, yo soy hijo, yo soy hermano, yo soy marido. Yo siento, mi Señor, los dolores de humillación que Tu pueblo siente, porque la gente sabe qué es humillación. Aquí están los quejidos de Tu pueblo. Digo quejidos porque a veces faltan palabras.

Oh, mi padre, Tu oíste la oración de Manasés, que fue perverso, cruel, inmoral y agresor. Él Te ofendió, Te retó y se burló de Ti. Hizo todo lo que no hacemos. Aún así, cuando se humilló, el Señor bajó en aquel sitio y atendió a su súplica.

Mira a cada uno de nosotros ahora. ¿Qué hicimos? ¿En qué Te desagradamos? En lo que sea, Señor, nosotros no somos perfectos, pero no somos como él fue. Esa es la realidad. No lo somos, pero nos humillamos ante Ti ahora, mi Señor, como él se humilló. En el polvo.

Porque nosotros, Tus siervos, pastores, obispos también tenemos quejidos, vergüenza y dolor dentro de nuestra alma. Y a veces necesitamos fortalecer a la gente cuando nosotros mismos estamos débiles, fragilizados por las circunstancias.

Oye, mi padre, oye del cielo ahora y responde a Tu pueblo porque el Señor no es Dios de palo y piedra. El Señor es verdaderamente Dios. Espíritu y Verdad. Bajo Tu palabra, nosotros ponemos nuestras vidas en el altar. Unimos nuestra voz, nuestros gritos, nuestra fe. Pastores, obreros, pueblo, todos en un único espíritu, en un único clamor, invocando un único Señor —el Dios de Abraham, de Isaac, de Israel.

Oh, viene en este momento, mi padre, a manifestar Tu gloria y brindar la respuesta que buscamos hace años. No tenemos a quien acudir. Hay dolor en nuestro pecho, el dolor de la humillación, mi Padre.

Mi Señor, todo lo que nosotros, Tus siervos, queremos es complacerte, servirte. A nosotros no nos interesa la nonada, la basura de este mundo. ¡No nos interesa nada!

Nosotros no tenemos nada que perder, ¡porque no tenemos nada! ¡Lo que tenemos es nuestra vida en Tu altar!

Ven al encuentro de nuestros dolores, de nuestros quejidos. No tenemos a quien clamar, no tenemos a quien acudir. Sólo te tenemos a ti, Jesús. Oh, ven, mi amigo, mi Padre... Ven sobre nosotros y saca la vergüenza de dentro de nuestro pecho.

Saca, mi Padre. Sácalo todo... (llanto)

...porque la gente no sabe más qué hacer, mi Señor. (llanto y sollozos)

La gente no sabe más como actuar. Ven, mi Señor. Sí, Señor, si lo deseas, arranca nuestra vida de una vez, Padre mío. Yo no siento placer de vivir así, mi Señor, de humillación en humillación. No hay placer, Padre mío... Si Tú me llevaras ahora, me harías un favor.

Ya no sé más qué decir. Sólo traigo en mi interior ese dolor. (llanto)

Nosotros estamos bajo Tu palabra, mi Señor. Cuando me levante de este piso, quiero tener la seguridad absoluta de que Tú, Señor, me oíste y me contestaste. Deseo ver, mi Señor, Tu gloria en el rostro de Tu pueblo. Deseo ver Tu pueblo con un riso en la cara, con brillo en sus ojos. Deseo ver alegría en el corazón de Tu pueblo.

Oh, Espíritu Santo, nosotros ponemos nuestra vida ante Ti. Juzga, Señor, nuestra causa, juzga, Señor, de la misma manera como juzgaste la causa de Ana, como juzgaste la causa de Tus siervos en el pasado. En nombre de Jesús Te pido, Te suplico que se levanten de sus lechos de dolor los enfermos. Que reciban la curación los cancerosos, los paralíticos, ciegos, sordos.

Que sean libres ahora los que me oyen en este momento y que sepan que el Dios de Abraham, Isaac, Israel es nuestro Dios.

Él oye nuestro clamor, es el Dios de la Iglesia Universal del Reino de Dios. Es el Dios que lleva y sustenta este trabajo.

Recibe al Espíritu Santo, tú que tienes sed y quieres saciarte ahora. Sé bautizado con el Espíritu Santo, tú que no entiendes mucho, pero que deseas tener un encuentro con Jesús.

Él se manifiesta a ti ahí en este momento. Conoce al Jesús que predicamos, conoce al Dios que anunciamos. Recibe ahora, en este momento, el Dios vivo, el Dios de Abraham, de Isaac, el Dios de Israel, en nombre del Señor Jesús.

Esta oración es mi vida en el altar.

Como le dije a Dios, no tengo nada que perder.

Soy líder espiritual de una Iglesia actualmente en más de doscientos países y propietario de la segunda más importante emisora de televisión de Brasil, con alcance a más de 200 millones de telespectadores en el planeta, periódicos, emisoras de radios, entre tantos otros proyectos y actividades tan importantes. Una esposa ejemplar e hijos que me llenan de satisfacción. Un verdadero imperio de realizaciones.

Todo ello sumado, sin embargo, no llega a los pies de mi más grande riqueza. Nada vale más que mi relación íntima con Dios. Dios mío, el Espíritu Santo, ocupa el espacio más noble de mi ser. Él es mi tesoro más valioso. Mi alegría. Mi bienestar. Mi Señor en las guerras. Mi esperanza. Mi realización. Mi salvación.

Mi Todo.